小学6年生

漢字にぐーんと強くなる

目次

KUMON

この本のしくみと使い方

学習する漢字のグループ
おもに漢字の形（部首）でまとめてあります。部首は、字典によってちがっている場合もあります。この本は『小学漢字に強くなる字典』に合わせています。

漢字のなりたちやしくみ

画数

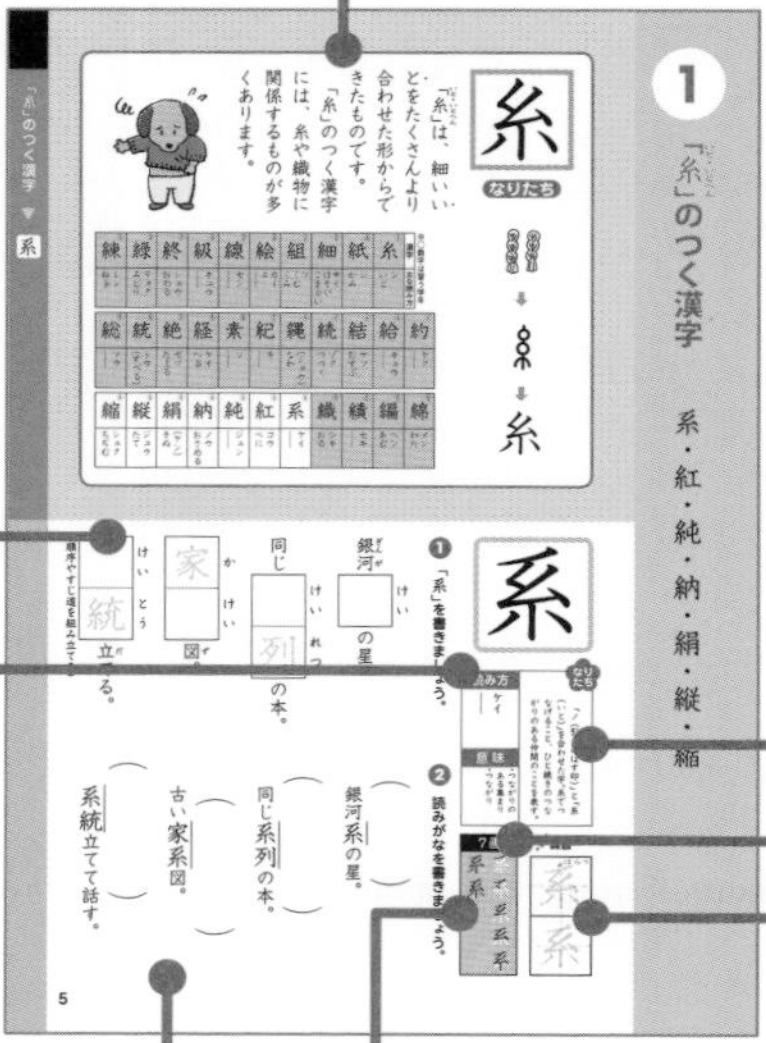

練習
書き順を見ながら、上からなぞって練習しましょう。ほかの紙にも書いて練習しましょう。

書き順

読み書きの練習
読みと書きは同じ漢字ですので、答えはつけてありません。

読み方
カタカナは音読み、ひらがなは訓読みです。太い字は送りがな、（ ）は小学校では習わない読み方です。

熟語《じゅくご》
漢字が二つや三つ、むすびついたことばです。片方《かたほう》の字もなぞって、覚えましょう。

音訓さくいん

六年生の漢字 191字

六年生で習う漢字のすべての読み方を、五十音（あいうえお…）順にならべています。

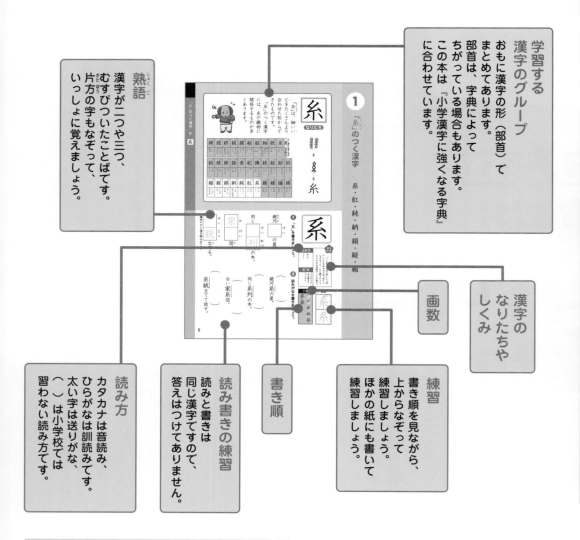

キ 机 45
キ 危 121
キ 揮 16
キ 貴 109
ギ 疑 134
きざむ 刻 92
きず 傷 38
きぬ 絹 8
きびしい 厳 148
キュウ 吸 68
キョウ 供 35
キョウ 胸 53
キョウ 郷 110
キン 筋 78
キン 勤 133

く

ク 供 35
ク 紅 6
くら 蔵 71
くらす 暮 57
くれない 紅 6
くれる 暮 57

け

ケイ 系 5
ケイ 敬 125
ケイ 警 26
ゲキ 劇 94
ゲキ 激 33
ケツ 穴 90
ケン 券 94
ケン 絹 8
ケン 権 48
ケン 憲 83
ゲン 源 32
ゲン 厳 148

こ

コ 己 106
コ 呼 68
ゴ 誤 22
コウ 后 67
コウ 孝 80
コウ 紅 6
コウ 皇 140
コウ 降 97
コウ 鋼 114
ゴウ 郷 110
コク 刻 92
コク 穀 41
コツ 骨 156
こと 異 142
こまる 困 146
コン 困 146
ゴン 勤 133
ゴン 権 48
ゴン 厳 148

さ

サ 砂 103
ザ 座 105
サイ 済 32
サイ 裁 101
さがす 探 15
さかる 盛 107
さかん 盛 107
サク 冊 152
サク 策 79
さく 割 93
さぐる 探 15
サツ 冊 152
さばく 裁 101
さわる 障 98
サン 蚕 140

し

シ 至 154
シ 私 40
シ 姿 139
シ 視 116
シ 詞 20
シ 誌 23
ジ 除 98
ジ 磁 103
しお 潮 33
した 舌 156
したがう 従 95
したがえる 従 95
しまる 閉 115
しみ 染 45
しみる 染 45
しめる 閉 115
シャ 射 75
シャ 捨 13
シャク 尺 89
ジャク 若 70
シュ 衆 156
ジュ 従 95
ジュ 就 136
ジュ 樹 48
シュウ 収 129
シュウ 宗 61
シュウ 就 136
シュウ 衆 156
ジュウ 従 95
ジュウ 縦 9
シュク 縮 9
ジュク 熟 119
ジュン 純 6
ショ 処 146
ショ 署 143
ショ 諸 25
ジョ 除 98
ショウ 承 16
ショウ 将 76
ショウ 従 95
ショウ 装 102
ショウ 傷 38
ショウ 障 98
ジョウ 盛 107
ジョウ 蒸 71
しりぞく 退 126
しりぞける 退 126
シン 針 113
ジン 仁 36

す

スイ 垂 84
スイ 推 15
すう 吸 68
すがた 姿 139
すぐれる 優 38
すじ 筋 78
すてる 捨 13
すな 砂 103
すます 済 32
すむ 済 32
すわる 座 105
スン 寸 74

せ

せ 背 50
セイ 盛 107
セイ 誠 22
セイ 聖 143
せい 背 50
ゼツ 舌 156
ぜに 銭 114
セン 泉 30
セン 洗 30
セン 染 45
セン 宣 64
セン 専 75
セン 銭 114
ゼン 善 66

そ

ソウ 宗 61
ソウ 奏 122
ソウ 窓 90
ソウ 創 93
ソウ 装 102
ソウ 層 89
ソウ 操 16
そう 沿 29
ゾウ 蔵 71
ゾウ 臓 51
そなえる 供 35
そまる 染 45
そむく 背 50
そむける 背 50
そめる 染 45
ソン 存 80
ソン 尊 76
ゾン 存 80

た

タイ 退 126
たから 宝 63
タク 宅 60
たずねる 訪 19
たつ 裁 101
たっとい 尊 76
たっとい 貴 109
たっとぶ 尊 76
たっとぶ 貴 109
たて 縦 9
たまご 卵 121
たらす 垂 84
たれる 垂 84
たわら 俵 38
タン 担 13
タン 探 15
タン 誕 26
ダン 段 130
ダン 暖 57

ち

チ 値 36
ち 乳 118
ちち 乳 118
ちぢまる 縮 9
ちぢむ 縮 9
ちぢめる 縮 9
ちぢらす 縮 9
ちぢれる 縮 9
チュウ 宙 61
チュウ 忠 83
チョ 著 71
チョウ 庁 105
チョウ 頂 124
チョウ 腸 54
チョウ 潮 33
チン 賃 109

つ

ツウ 痛 148
つく 就 136
つくえ 机 45
つくる 創 93
つける 就 136
つとまる 勤 133
つとめる 勤 133

て

テキ 敵 125
テン 展 88

と

トウ 納 8
トウ 討 20
トウ 党 140
トウ 糖 136
とうとい 尊 76
とうとい 貴 109
とうとぶ 尊 76
とうとぶ 貴 109
とざす 閉 115
とじる 閉 115
とどく 届 89
とどける 届 89
とも 供 35

な

ナ 納 8
ない 亡 152
ナッ 納 8
なみ 並 155
ならびに 並 155
ならぶ 並 155
ならべる 並 155
ナン 納 8
ナン 難 134

に

ニ 仁 36
になう 担 13
ニャク 若 70
ニュウ 乳 118
ニン 認 23

ね

ね 値 36

の

ノウ 納 8
ノウ 脳 51
のぞく 除 98
のぞむ 臨 136
のばす 延 145
のびる 延 145
のべる 延 145

は

ハ 派 30
ハイ 拝 11
ハイ 背 50

1 「糸《いと・いとへん》」のつく漢字

系・紅・純・納・絹・縦・縮

糸

なりたち

「糸《いと・いとへん》」は、細いいとをたくさんより合わせた形からできたものです。
「糸」のつく漢字には、糸や織物に関係するものが多くあります。

※○数字は習う学年

漢字	学年	主な読み方
糸	①	シ いと
紙	②	シ かみ
細	②	サイ ほそい こまかい
組	②	ソ くむ くみ
絵	②	カイ エ —
線	②	セン —
級	③	キュウ —
終	③	シュウ おわる
緑	③	リョク みどり
練	③	レン ねる
約	④	ヤク —
給	④	キュウ —
結	④	ケツ むすぶ
続	④	ゾク つづく
縄	④	(ジョウ) なわ
紀	⑤	キ —
素	⑤	ソ —
経	⑤	ケイ へる
絶	⑤	ゼツ たえる
統	⑤	トウ (すべる)
総	⑤	ソウ —
綿	⑤	メン わた
編	⑤	ヘン あむ
績	⑤	セキ —
織	⑤	シキ おる
系	⑥	ケイ —
紅	⑥	コウ べに
純	⑥	ジュン —
納	⑥	ノウ おさめる
絹	⑥	(ケン) きぬ
縦	⑥	ジュウ たて
縮	⑥	シュク ちぢむ

系

読み方
— ケイ

意味
・つながりのある集まり
・つながり

なりたち
「ノ（引きのばす印）」と「糸（いと）」を合わせた字。系でつなげること、ひと続きのつながりのある仲間のことを表す。

7画
系 系 系 系 系 系 系

練習
はらう
系 系

1 「系」を書きましょう。

銀河《ぎんが》の□《けい》の星。

同じ□列《けいれつ》の本。

家□《かけい》図《ず》。

□統《けいとう》立《だ》てる。（順序やすじ道を組み立てる）

2 読みがなを書きましょう。

銀河系の星。（　　）

同じ系列の本。（　　）

古い家系図。（　　）

系統立てて話す。（　　）

紅

なりたち
「糸（いと）」と「エ（いろいろと手を加える）」を合わせた字。いろいろくふうをして糸をこい赤で染《そ》めたことから、深みのある赤い色を表す。

読み方
コウ
（ク）
べに
（くれない）

意味
•あざやかな赤

9画
紅 紅 紅 紅 紅 紅 紅 紅 紅

練習
紅（少し長く） 紅

1 「紅」を書きましょう。

こう はく
□白のぼうし。

こう ちゃ
□茶を飲む。

べに
□色《いろ》のばら。

くち べに
口□をつける。

2 読みがなを書きましょう。

紅白のぼうし。（　　）

紅茶を飲む。（　　）

紅色のばら。（　　）

口紅をつける。（　　）

純

なりたち
「糸（いと）」と「屯（地上に出たばかりの草の芽）」を合わせた字。布からはみ出たふさは、糸が一本一本まざり合わないことからまじり気がないことを表す。

読み方
ジュン
—

意味
•まじり気がない、けがれがない

10画
純 純 純 純 純 純 純 純 純 純

練習
純（つき出す↓） 純

1 「純」を書きましょう。

じゅん ぱく
□白のドレス。

たん じゅん
単□な問題。

じゅん しん
□真な子供《こども》。
（すなおでけがれのない子供）

じゅん
□粋《すい》な心。

2 読みがなを書きましょう。

純白のドレス。（　　）

単純な問題。（　　）

純真な子供。（　　）

純粋《すい》な心。（　　）

ドリル

1つ・5点

点

1 ——線の漢字の読みがなを書きましょう。

① 純白のドレス。（　　）

② 紅茶を飲む。（　　）

③ 銀河《ぎんが》系の星。（　　）

④ 純真な子供《こども》。（　　）

⑤ 口紅をつける。（　　）

⑥ 家系を調べる。（　　）

⑦ 同じ系列の本。（　　）

⑧ 純粋《すい》な心。（　　）

⑨ 紅色《いろ》のばら。（　　）

⑩ 系統立てて話す。（　　）

2 読みがなにあう漢字を書きましょう。

① □□（こう はく）のぼうし。

② □□（たん じゅん）な問題。

③ □□（か けい）を調べる。

④ 赤い□□（くち べに）。

⑤ □□（じゅん ぱく）のドレス。

⑥ 銀河□（けい）の星。

⑦ □□（こう ちゃ）。

⑧ □□（じゅん しん）な子供《こども》。

⑨ □（じゅん）粋《すい》な心。

⑩ 同じ□□（けい れつ）の会社。

納

なりたち
「糸（いと）」と「内（小屋の中に入れる）」を合わせた字。糸で織った織物を小屋に、しまいこむことから、おさめる意味を表す。

10画
納 納 納 納 納 納 納 納 納 納

練習
つき出す↓
納
納

読み方
ノウ （ナッ）・（ナ） （ナン）・（トウ） おさめる おさまる
意味
・しまいこむ ・役所にさしだす

❶ 「納」を書きましょう。

□入《のう にゅう》。

収□《しゅう のう》。（ある場所に物をしまうこと）

税金を□《おさ》める。

❷ 読みがなを書きましょう。

会費の納入（　　）。機械の収納（　　）。

税金を納（　　）める。

絹

なりたち
「糸（いと）」と「肙（まるい形の虫）」を合わせた字。蚕《かいこ》のつくるまゆから取るきぬ糸を表す。

13画
絹 絹 絹 絹 絹 絹 絹 絹 絹 絹

練習
絹 はねる←
絹

読み方
（ケン） きぬ
意味
・かいこのまゆからとった糸

❶ 「絹」を書きましょう。

□《きぬ》の着物。

□糸《きぬ いと》。

□織物《きぬ おり もの》。

❷ 読みがなを書きましょう。

絹（　　）の着物。絹糸（　　）でぬう。

美しい絹織物（　　）。

音を表す漢字の部分

６ページの「紅」の字の右側は「エ」で、これが「コウ」という音を表します。

同じように、次のページの「縦」や「縮」も、右側の「従」と「宿」の部分が「ジュウ」と「シュク」という音を表します。

紅→コウ
縦→ジュウ
縮→シュク

このようなことを知っていると、習っていない漢字に出あったときでも、音の読み方をおしはかって読んでみることもできますね。

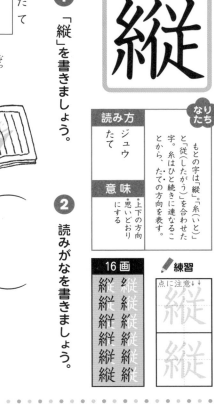

縦

なりたち
もとの字は「縱」。「糸(いと)」と「従(したがう)」を合わせた字。糸はひと続きに連なることから、たての方向を表す。

読み方	意味
ジュウ たて	•上下の方向 •思いどおりにする

16画

練習
点に注意↓↓

❶ 「縦」を書きましょう。

□《たて》に並《なら》ぶ。

□《たて》書《が》きのノート。

四列□□《じゅう たい》（隊）。
（たてに四列ならんだ形）

飛行機の□□《そう じゅう》（操）。

❷ 読みがなを書きましょう。

縦（　）に並ぶ。

縦（　）書きのノート。

四列縦隊（　）の行進。

飛行機の操縦（　）。

縮

なりたち
「糸(いと)」と「宿(せまい部《へ》屋《や》の中に人が体をちぢめてねること)」を合わせた字。ぬれた糸がかわくとちぢまるようにちぢむことを表す。

読み方	意味
シュク ちぢむ ちぢまる ちぢめる ちぢれる ちぢらす	•小さくなる

17画

練習
←短く

❶ 「縮」を書きましょう。

時間の□□《たん しゅく》（短）。

地図の□□《しゅく しゃく》（尺）。
（地図をかくときのちぢめたわりあい）

セーターが□《ちぢ》む。

長さを□《ちぢ》める。

❷ 読みがなを書きましょう。

授業時間の短縮（　）。

地図の縮尺（　）。

セーターが縮（　）む。

長さを縮（　）める。

ドリル

1つ・5点
点

1 ――線の漢字の読みがなを書きましょう。

① 縦に並《なら》ぶ。（　　）
② 時間を短縮する。（　　）
③ 税金を納める。（　　）
④ 絹糸でぬう。（　　）
⑤ 長さを縮める。（　　）
⑥ 四列縦隊の行進。（　　）
⑦ 美しい絹織物。（　　）
⑧ 機械を収納する。（　　）
⑨ 飛行機の操縦。（　　）
⑩ 地図の縮尺。（　　）

2 読みがなにあう漢字を書きましょう。

① □（きぬ）の着物。
② □□（たんしゅく）授業。
③ 会費の□□（のうにゅう）。
④ □□□（きぬおりもの）。
⑤ 飛行機の操□（そうじゅう）。
⑥ 地図の□尺（しゅくしゃく）。
⑦ □（たて）書《が》きの本。
⑧ 税金を□（おさ）める。
⑨ □□（きぬいと）。
⑩ 身が□（ちぢ）む思い。
（とてもおそろしい思いやきんちょうで、身が小さくなるように感じる）

2 「手《て》・扌《てへん》」のつく漢字

拝・批・拡・担・捨・推・探・揮・操・承

手

なりたち

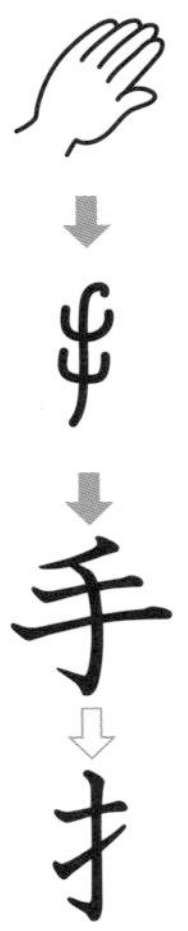

「手《て》」は、ての形をえがいた部分です。また、「扌《てへん》」は、「手」の変化した形です。

「手」や「扌」のつく漢字には、手の動きやはたらきに関係するものが多くあります。

※○数字は習う学年

漢字	主な読み方
手①	シュ て
才②	サイ —
打③	ダ うつ
投③	トウ なげる

漢字	主な読み方
指③	シ ゆび さす
持③	ジ もつ
拾③	(シュウ)(ジュウ) ひろう
折④	セツ おる
挙④	キョ あげる
技⑤	ギ (わざ)
招⑤	ショウ まねく
採⑤	サイ とる
授⑤	ジュ (さずける)
接⑤	セツ (つぐ)
提⑤	テイ (さげる)

漢字	主な読み方
損⑤	ソン (そこなう)
批⑥	ヒ —
拡⑥	カク —
承⑥	ショウ (うけたまわる)
担⑥	タン (になう)
拝⑥	ハイ おがむ
捨⑥	シャ すてる
推⑥	スイ (おす)
探⑥	タン さがす
揮⑥	キ —
操⑥	ソウ (あやつる)

拝

読み方
ハイ
おがむ

意味
●おがむ
●うやまうことば

なりたち
「扌(て)」と「𠦪(神様への供《そな》え物)」を合わせた字。神に供え物をささげておがむことを表す。

8画

練習 「手」としない

1 「拝」を書きましょう。

仏様を□《おが》む。

初日の出を□《おが》む。

寺に参□《さんぱい》する。（寺にお参りする）

□《はいけん》見する。（「見ること」のへりくだった言い方）

2 読みがなを書きましょう。

仏様を拝む。（　　）

初日の出を拝む。（　　）

寺に参拝する。（　　）

手紙を拝見する。（　　）

批

なりたち 「扌(て)」と「比(二人並《なら》んだ様子)」を合わせた字。もののよしあしを並べて見分けることから、よい悪いを比べることを表す。

読み方	意味
ヒ	・よい悪いを明らかにする

練習：批 批（はねる↑）

7画：批 批 批 批 批 批 批

1 「批」を書きましょう。

作品を［ひ］［ひょう（評）］する。

［ひ］［はん（判）］的《てき》な考え。

2 読みがなを書きましょう。

作品を批評する。（　　）

批判的な考え。（　　）

拡

なりたち もとの字は「擴」。「扌(て)」と「廣(家で矢の先の黄色い光が広がる)」を合わせた字。手でわくをおし広げることを表す。

読み方	意味
カク	・広げる

練習：拡 拡（ムおる）

8画：拡 拡 拡 拡 拡 拡 拡 拡

1 「拡」を書きましょう。

［かく］［だい（大）］。

［かく］［ちょう（張）］。

［かく］［せい（声）］［き（器）］。（スピーカー）

2 読みがなを書きましょう。

拡大した図。（　　）

道路の拡張。（　　）

拡声器で呼《よ》びかける。（　　）

反対の意味の熟語《じゅくご》

上の「拡大《かくだい》」の反対の意味のことばは、なんでしょうか。そう、「縮小《しゅくしょう》」ですね。

このようなことばは、組にして覚えておくと、文を書いたり発表したりするときに使えて、何かと便利です。

安全↔危険《きけん》

横断↔縦断《じゅうだん》

温暖《おんだん》↔寒冷

困難《こんなん》↔容易

単純《たんじゅん》↔複雑

セットで覚えておこう。

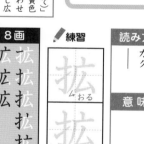

担

なりたち
もとの字は「擔」。「扌(て)」と「詹(ずっしりと重みをかける)」を合わせた字。ずっしりと重い物をかつぐこと、仕事を引き受けることを表す。

読み方	意味
タン (かつぐ) (になう)	●役目として引き受ける

8画
担 担 担 担 担 担 担 担

練習
担 担 (はなす)

❶ 「担」を書きましょう。

□《たん》任《にん》の先生。

□《たん》当《とう》する。

役割《やくわり》の分《ぶん》□《たん》。

負《ふ》□《たん》がかかる。
(重すぎる仕事や責任がかかる)

❷ 読みがなを書きましょう。

担任の先生。（　）

図書係を担当する。（　）

役割の分担。（　）

負担がかかる。（　）

捨

なりたち
もとの字は「捨」。「扌(て)」と「舍(手足をのばしてゆるめること)」を合わせた字。手の力をゆるめて、持っている物をはなす、すてることを表す。

読み方	意味
シャ すてる	●いらないとしてなげ出す

11画
捨 捨 捨 捨 捨 捨 捨 捨 捨 捨 捨

練習
捨 捨 (長く)

❶ 「捨」を書きましょう。

ごみを□《す》てる。

ぬぎ□《す》てる。

四《し》□《しゃ》五《ご》入《にゅう》する。

取《しゅ》□《しゃ》選択《せんたく》。
(いいものはとり、悪いものはすてること)

❷ 読みがなを書きましょう。

ごみを捨てる。（　）

服をぬぎ捨てる。（　）

四捨五入する。（　）

取捨選択《せんたく》する。（　）

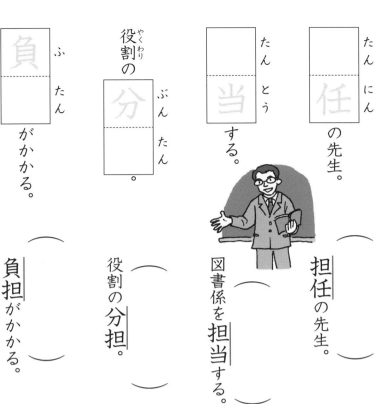

ドリル

点
1つ・5点

❶ ——線の漢字の読みがなを書きましょう。

① 初日の出を拝む。（　　）

② ごみを捨てる。（　　）

③ 作品を批評する。（　　）

④ 保健係を担当する。（　　）

⑤ 四捨《し》五入《ごにゅう》する。（　　）

⑥ 手紙を拝見する。（　　）

⑦ 道路を拡張する。（　　）

⑧ 批判的《てき》な考え。（　　）

⑨ 担任の先生。（　　）

⑩ 地図を拡大する。（　　）

❷ 読みがなにあう漢字を書きましょう。

① □□（かくだい）した写真。

② 寺に□□（さんぱい）する。

③ □□（たんにん）の先生。

④ 道路の□□（かくちょう）。

⑤ 役割《やくわり》□□（ぶんたん）。

⑥ □□（ひはん）の声。

⑦ 四□（しゃ）五入。

⑧ 服をぬぎ〔　（す）　〕てる。

⑨ □□（ひひょう）。

⑩ 仏様を〔　（おが）　〕む。

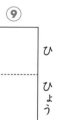

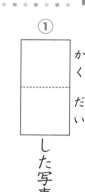

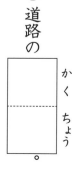

推

なりたち
「扌(て)」と「隹(ずんぐり太った鳥)」を合わせた字。手で重みをかけ、力を入れておすことから、おし・すすめる意味を表す。

読み方
スイ
(おす)

意味
•おし進める
•すすめる
•考えめぐらす

11画

練習　わすれずに

❶ 「推」を書きましょう。

□《すい》せん図書。

□《すい》理《り》小説。

緑化の□《すい》進《しん》。

□《すい》定《てい》の人口。

❷ 読みがなを書きましょう。

推せん図書。（　　）

推理小説。（　　）

町の緑化の推進。（　　）

推定の人口。（　　）

探

なりたち
「扌(て)」と「罙(穴《あな》に手を深く入れてさぐる)」を合わせた字。手でさぐり出すことから、さがす、たずね求める意味を表す。

読み方
タン
(さぐる)
さがす

意味
•見つけようとする
•深く調べる

11画

練習　ひと続きで

❶ 「探」を書きましょう。

落とし物を□《さが》す。

ほしい本を□《さが》す。

南極□《たん》検《けん》。

電波□《たん》知《ち》機《き》。(レーダー)

❷ 読みがなを書きましょう。

落とし物を探す。（　　）

ほしい本を探す。（　　）

南極探検。（　　）

電波探知機《き》。（　　）

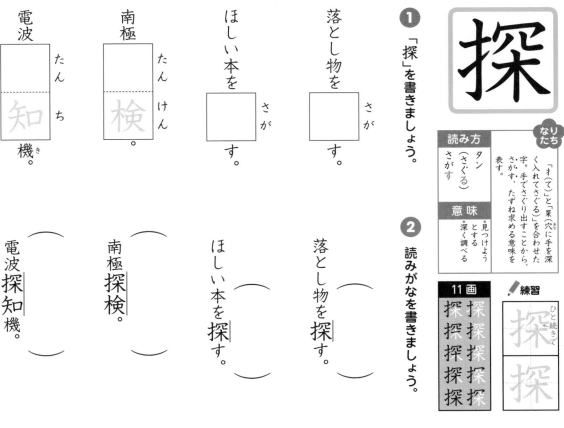

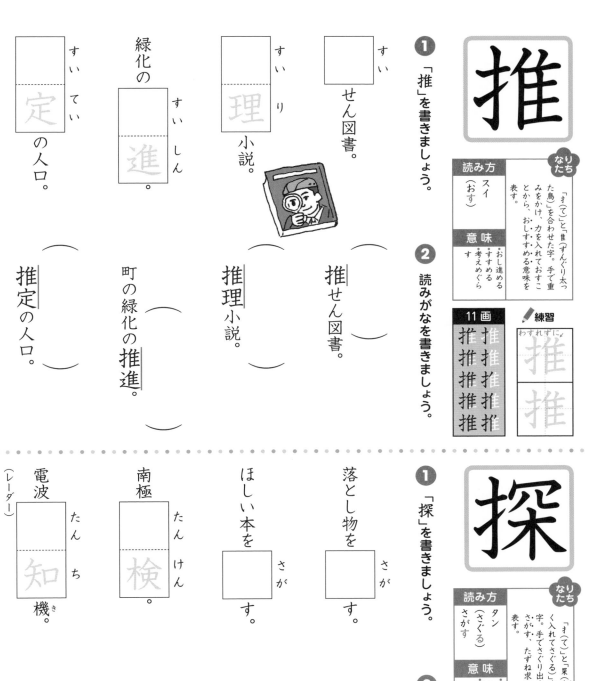

揮

読み方 キ

意味 ・ふるう ・指図する

練習 揮 揮（長く）

12画

なりたち 「扌(て)」と「軍(戦車が円じんをつくる)」を合わせた字。手をふって軍隊をしきすることから、合図をしたり、力をふるったりすることを表す。

❶ 「揮」を書きましょう。

力を［発《はっ》｜　《き》］する。

楽団の［指《し》｜　《き》］。

❷ 読みがなを書きましょう。

実力を発揮する。（　　　）

楽団を指揮する。（　　　）

操

読み方 ソウ （みさお） （あやつる）

意味 ・手でうまく動かす

練習 操 操

16画

なりたち 「扌(て)」と「喿(小鳥が木の上に集まってせわしくさえずる様子)」を合わせた字。せかせかと休みなく手を動かす、あやつることを表す。

❶ 「操」を書きましょう。

［体《たい》｜　《そう》］。

［　《そう》｜縦《じゅう》］。

機械の［　《そう》｜作《さ》］。

❷ 読みがなを書きましょう。

体操をする。（　　　）

操縦の技術。（　　　）

機械を操作する。（　　　）

承

読み方 ショウ （うけたまわる）

意味 ・受け入れる ・受けつぐ

練習 承（はねる） 承

8画

なりたち 「⺢(両手にささげる物を持って、ひざまずく人)」と「手(て)」を合わせた字。両手でささげ物をして、神のお告《つ》げをうけたまわることを表す。

❶ 「承」を書きましょう。

［　《しょう》｜知《ち》］。

［　《しょう》］認《にん》。

りょう［　《しょう》］を得る。

❷ 読みがなを書きましょう。

承知する。（　　　）

承認《にん》される。（　　　）

りょう承を得る。（　　　）

ドリル

1つ・5点

点

1 ――線の漢字の読みがなを書きましょう。

① 落とし物を探す。（　　）

② 緑化を推進する。（　　）

③ 承認《にん》される。（　　）

④ 電波探知機《き》。（　　）

⑤ 人口を推定する。（　　）

⑥ 機械の操作。（　　）

⑦ 力を発揮する。（　　）

⑧ 南極探検隊《たい》。（　　）

⑨ りょう承を得る。（　　）

⑩ 体操の選手。（　　）

2 読みがなにあう漢字を書きましょう。

① 力を［はっき］する。

② ［たいそう］の選手。

③ ［すいり］小説。

④ 電波［たんち］機。

⑤ 南極［たんけん］。

⑥ ［しょうち］する。

⑦ ［そうじゅう］席《せき》。

⑧ ［すい］せん図書。

⑨ ［しき］する。

⑩ ほしい本を［さがす］す。

まとめドリル

□点
1つ・5点

1 読みがなにあう漢字を書きましょう。

① 銀河《ぎんが》□《けい》の星。

② □《きぬ》のスカーフ。

③ 本の□《ひ》評《ひょう》。

④ □《たて》に並《なら》ぶ。

⑤ 四《し》□《しゃ》五入《ごにゅう》。

⑥ 収《しゅう》□《のう》する場所。

⑦ □《すい》定《てい》の人口。

⑧ 合奏《がっそう》の指《し》□《き》者《しゃ》。

⑨ □《じゅん》粋《すい》な心。

⑩ 手紙を□《はい》見《けん》する。

2 読みがなにあう漢字を書きましょう。

① □□《かくだい》。

② □□《こうちゃ》。

③ □□《しょうち》する。

④ □□《たんにん》の先生。

⑤ □□《たんけん》隊《たい》。

⑥ 飛行機の□□《そうじゅう》。

3 次のことばを漢字と送りがなで〔　〕に書きましょう。

① 投げ〔　〕《すてる》。

② 税金を〔　〕《おさめる》。

③ 糸が〔　〕《ちぢむ》。

④ 仏様を〔　〕《おがむ》。

3 「言《いう・ごんべん》」のつく漢字

訪・討・訳・詞・誠・誤・誌・認・諸・論・誕・警

言

なりたち

「言《いう・ごんべん》」は、「辛（するどいはもの）」と「口（くち）」とを合わせてできた形で、「はぎれよく話す」という意味を表します。

「言」のつく漢字には、言うことやことばに関係するものが多くあります。

※○数字は習う学年

漢字	言②	計②	記②	話②	語②	読②	詩③	談③	調③	訓④	試④
主な読み方	ゲン・ゴン いう・こと	ケイ はかる	キ しるす	ワ はなす	ゴ かたる	ドク・トク よむ	シ ―	ダン ―	チョウ しらべる	クン ―	シ こころみる

説④	課④	議④	許⑤	設⑤	証⑤	評⑤	講⑤	謝⑤	識⑤	護⑤	討⑥
セツ とく	カ ―	ギ ―	キョ ゆるす	セツ もうける	ショウ ―	ヒョウ ―	コウ ―	シャ （あやまる）	シキ ―	ゴ ―	トウ （うつ）

訪⑥	訳⑥	詞⑥	誠⑥	誤⑥	誌⑥	認⑥	諸⑥	誕⑥	論⑥	警⑥
ホウ たずねる	ヤク わけ	シ ―	セイ （まこと）	ゴ あやまる	シ ―	（ニン） みとめる	ショ ―	タン ―	ロン ―	ケイ ―

訪

読み方
ホウ
（おとずれる）
たずねる

意味
・出かけていく
・やってくる

なりたち
「言（ことば）」と「方（えが左右に張り出たすき）」を合わせた字。右に左にと歩き回り、たずね回ることから、たずねる意味を表す。

11画

練習

はねる

1 「訪」を書きましょう。

家庭［　］《ほう》［問］《もん》。

史跡《しせき》を［探］《たん》［　］《ぼう》する。（出かけていって史跡の様子を調べる）

友人の家を［　］《たず》ねる。

京都《きょうと》を［　］《たず》ねる旅。

2 読みがなを書きましょう。

家庭訪問の日。（　　）

史跡《しせき》を探訪する。（　　）

友人の家を訪ねる。（　　）

京都を訪ねる旅。（　　）

討

なりたち

「言(ことば)」と「寸(すみずみまでさぐる)」を合わせた字。すみずみまで調べること、すみずみまでせめたてる意味を表す。

読み方　トウ　(うつ)

意味　・せめたてる　・問い正して調べる

練習　討　討（はねる）

10画　討 討 討 討 討 討 討 討 討 討

1 「討」を書きましょう。

検□《けんとう》。

□論《とうろん》会《かい》。

□議《とうぎ》する。

2 読みがなを書きましょう。

内容の検討。（　　）

討論会を開く。（　　）

委員会で討議する。（　　）

訳

なりたち

もとの字は「譯」。「言(ことば)」と「睪(順番に取り調べる)」の合わせ、ことばをほかのことばに言いかえることを表す。

読み方　ヤク　わけ

意味　・ことばの意味や理由

練習　訳　訳（はらう）

11画　訳 訳 訳 訳 訳 訳 訳 訳 訳 訳 訳

1 「訳」を書きましょう。

言《い》い□《わけ》。

□《わけ》を話す。

通□《つうやく》の仕事。

2 読みがなを書きましょう。

言い訳する。（　　）

訳を話す。（　　）

通訳の仕事。（　　）

詞

なりたち

「言(ことば)」と「司(一つ一つの小さい単位)」を合わせた字。文の一つ一つになっている小さいことばを表す。

読み方　シ　—

意味　・ことば　・ことばを分類したもの

練習　詞　詞（はねる）

12画　詞 詞 詞 詞 詞 詞 詞 詞 詞 詞 詞 詞

1 「詞」を書きましょう。

歌□《かし》。

動□《どうし》(動作を表すことば)。

形容□《けいようし》。(ものの様子を表すことばで、言い切りの形が「い」で終わるもの)

2 読みがなを書きましょう。

美しい歌詞。（　　）

動詞を使う。（　　）

形容詞を使う。（　　）

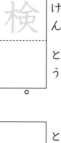

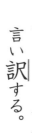

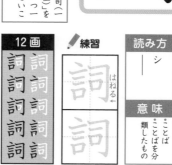

ドリル

点

1つ・5点

1 ――線の漢字の読みがなを書きましょう。

① 家庭**訪問**。（　　）

② 内容を**検討**する。（　　）

③ 言《い》い**訳**する。（　　）

④ 曲に**歌詞**をつける。（　　）

⑤ **討論**会《かい》を開く。（　　）

⑥ 史《し》跡《せき》を**探訪**する。（　　）

⑦ **形容詞**を使う。（　　）

⑧ **通訳**する。（　　）

⑨ 京都《きょうと》を**訪**ねる旅。（　　）

⑩ 委員会で**討議**する。（　　）

2 読みがなにあう漢字を書きましょう。

① 曲の □□（かし）。

② □□（つうやく）の仕事。

③ 内容の □□（けんとう）。

④ 家庭 □□（ほうもん）。

⑤ 史《し》跡《せき》の □□（たんぼう）。

⑥ □□（どうし）を使う。

⑦ □（わけ）を話す。

⑧ 問題を □□（とうぎ）する。

⑨ □論（とうろん）会。

⑩ 友達《ともだち》を □（たず）ねる。

誠

なりたち
「言(ことば)」と「成(まとめあげる)」を合わせた字。自分で言ったことばをかたくまとめて、かえない意味から、真心の意味を表す。

読み方
セイ
(まこと)

意味
•まごころ
•うそがないこと

13画

練習
わすれずに↓
誠
誠

1 「誠」を書きましょう。

せいじつ
[　]実 な人がら。

せいい
[　]意 をこめる。

ちゅうせい
忠[　] をちかう。
(真心をもって仕えることをちかう)

せいしん
[　]心 誠意《せいい》。
(真心をこめて、けんめいにすること)

2 読みがなを書きましょう。

誠実な人がら。(　　)

誠意をこめる。(　　)

忠誠をちかう。(　　)

誠心誠意努力する。(　　)

誤

なりたち
「言(ことば)」と「呉(つじつまが合わないことばに人が首をかしげる様子)」を合わせた字。ことばがつじつまが合わないでまちがえることを表す。

読み方
ゴ
あやまる

意味
•まちがえる
•正しくない

14画

練習
「ㄣ」の形に注意↓
誤
誤

1 「誤」を書きましょう。

ごかい
[　]解 する。

ごじ
[　]字 を直す。
(まちがった字を直す)

あやま
使い方を [　] る。

あやま
字を書《か》き [　] る。

2 読みがなを書きましょう。

友達《ともだち》を誤解する。(　　)

誤字を直す。(　　)

使い方を誤る。(　　)

字を書き誤る。(　　)

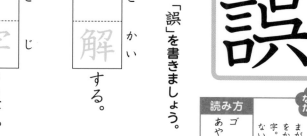

誌

なりたち
「言（ことば）」と「志（心を一点にとめる）」を合わせた字。ことばを紙や心にとどめることから、書きとめることを表す。

読み方
シ

意味
・書きしるしたもの
・ざっしのこと

練習　短く←

14画
誌 誌 誌 誌 誌 誌 誌 誌 誌 誌

1 「誌」を書きましょう。

ざっし　雑□。

にっし　日□。

げっかんし　月刊□。

2 読みがなを書きましょう。

まん画雑誌。（　　）

学級日誌。（　　）

月刊誌を買う。（　　）

認

なりたち
「言（ことば）」と「忍（たえしのぶ）」を合わせた字。人の言う難《むずか》しいことをねばり強く聞き、心でみとめることを表す。

読み方
（ニン）
みとめる

意味
・はっきりと知る
・受け入れる

練習　「刀」としない

14画
認 認 認 認 認 認 認 認 認 認

1 「認」を書きましょう。

姿《すがた》を□める。（みと）

実力が□められる。（みと）

□め印《いん》。（みと）（ふだん使うはんこ）

2 読みがなを書きましょう。

姿を認める。（　　）

認め印をおす。（　　）

実力が認められる。（　　）

「形声文字《けいせいもじ》」のなりたち

漢字の多くは、意味を表す部分と、音を表す部分とを組み合わせて作った、「形声文字《けいせいもじ》」というものです。

例えば、「言」のつく漢字で見てみましょう。部首である「言」は「ことばや言うこと」の意味を表します。

訪 → ホウ
詞 → シ
誠 → セイ
誌 → シ

右のつくりの部分が、どれも音を表しています。

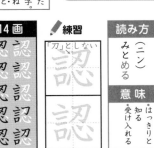

ドリル

点

1つ・5点

❶ ――線の漢字の読みがなを書きましょう。

① 誠実な人がら。（　　）

② 友達《ともだち》を誤解する。（　　）

③ 月刊誌を買う。（　　）

④ 敵《てき》の力を認める。（　　）

⑤ 字を書《か》き誤る。（　　）

⑥ 誠心誠意《せいい》の努力。（　　）

⑦ 実力が認められる。（　　）

⑧ まん画雑誌。（　　）

⑨ 忠誠をちかう。（　　）

⑩ 誤字を直す。（　　）

❷ 読みがなにあう漢字を書きましょう。

① 学級［にっし］。

② ［せいじつ］な人。

③ ［ごかい］する。

④ ［げっかんし］。

⑤ ［せいい］をこめる。

⑥ まん画［ざっし］。

⑦ ［みと］め印《いん》。

⑧ 実力を［みと］める。

⑨ ［せいしん］誠意《せいい》。

⑩ 使い方を［あやま］る。

諸

なりたち 「言（ことば）」と「者（多くのものを集める）」を合わせた字。たくさんのものが一か所に集まることから、さまざまの、いろいろなという意味を表す。

読み方	意味
ショ	・いろいろな

15画　諸 諸 諸 諸 諸 諸 諸 諸 諸 諸

練習　つき出す　諸 諸

1 「諸」を書きましょう。

アフリカ□国《しょこく》。

伊《い》豆《ず》□島《しょとう》。

生徒□君《しょくん》。

□問題《しょもんだい》。

2 読みがなを書きましょう。

アフリカ諸国。（　　）

伊《い》豆《ず》諸島への旅。（　　）

生徒諸君。（　　）

諸問題を解決する。（　　）

論

なりたち 「言（ことば）」と「侖（文字を書いた竹の札をきちんとまとめる）」を合わせた字。ことばをきちんとまとめて話すこと、また、そのことばを表す。

読み方	意味
ロン	・すじ道を立てて考えを述べる

15画　論 論 論 論 論 論 論 論 論 論

練習　つき出さない　論 論

1 「論」を書きましょう。

討□《とうろん》する。

結□《けつろん》を出す。

□説《ろんせつ》文《ぶん》を読む。

□理《ろんり》的《てき》な文章。

2 読みがなを書きましょう。

学級で討論する。（　　）

結論を出す。（　　）

論説文を読む。（　　）

論理的な文章。（　　）

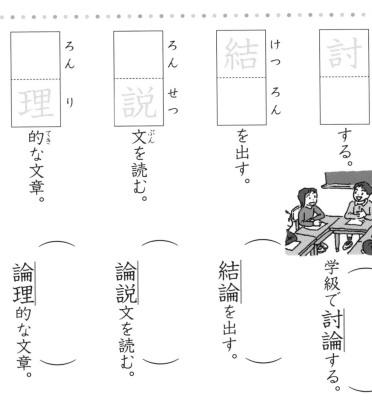

誕

なりたち
「タン」という音が、かくれていたものがあらわれる、生まれ出る意味を表したことから、子供《こども》が生まれる意味を表す。

読み方 タン

意味 ・生まれる

練習 「正」としない

15画

1 「誕」を書きましょう。

たん じょう [ ][生]。

たん じょう [ ][生]日《び》。

せい たん [生][ ]の地。

2 読みがなを書きましょう。

長男の誕生。（　　）　母の誕生日。（　　）

ベートーベン生誕の地。（　　）

警

なりたち
「敬（はっとひきしめる）」と「言（ことば）」を合わせた字。ことばで注意し、心をひきしめる、用心してとりしまることを表す。

読み方 ケイ

意味 ・とりしまる ・気をつけさせる

練習 「又」としない

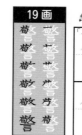

19画

1 「警」を書きましょう。

けい さつ [ ][察]官《かん》。

けい び [ ][備]。

洪水《こうずい》 けい ほう [ ][報]。

2 読みがなを書きましょう。

警察の仕事。（　　）　町を警備する。（　　）

洪水《こうずい》警報が出る。（　　）

三字の熟語《じゅくご》の組み立て

上の「誕生日《たんじょうび》」や「警察官《けいさつかん》」、25ページの「諸問題《しょもんだい》」は、どれも三字の熟語《じゅくご》ですが、結びつき方がちがいます。

◎二字＋一字

警察官

「警察」＋「官（役人）」

◎一字＋二字

諸問題

「諸（いろいろな）」＋「問題」

このほかに、次のようなものもあります。

◎一字＋一字＋一字

衣食住

「衣（衣服）」＋「食（食物）」＋「住（住居）」

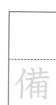

ドリル

1つ・5点

点

1 ――線の漢字の読みがなを書きましょう。

① 母の誕生日《び》。（　　）

② アフリカ諸国。（　　）

③ 結論を出す。（　　）

④ 警察の仕事。（　　）

⑤ 伊《い》豆《ず》諸島への旅。（　　）

⑥ 長男の誕生。（　　）

⑦ 大雪警報が出る。（　　）

⑧ 論説文《ぶん》を読む。（　　）

⑨ 論理的《てき》な文章。（　　）

⑩ 諸問題の解決。（　　）

2 読みがなにあう漢字を書きましょう。

① アジア〔しょこく〕。

② 〔たんじょう〕石《せき》。

③ 〔とうろん〕会《かい》。

④ 町の〔けいび〕。

⑤ 沖縄《おきなわ》〔しょとう〕。

⑥ 〔ろんり〕的な文。

⑦ 〔けいさつ〕署《しょ》。

⑧ ぼくの〔たんじょう〕日。

⑨ 〔ろんせつ〕文。

⑩ 〔けいほう〕機《き》が鳴る。

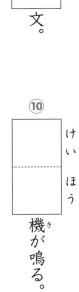

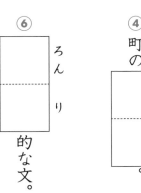

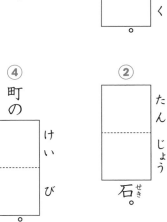

まとめドリル

点

1つ・5点

1 読みがなにあう漢字を書きましょう。

① □《わけ》を話す。

② 校歌の歌《か》□《し》。

③ 週刊《しゅうかん》□《し》。

④ 検《けん》□《とう》を重ねる。

⑤ □《しょ》問題《もんだい》。

⑥ □《みと》め印《いん》。

⑦ □《せい》実《じつ》な人。

⑧ □《けい》察官《さつかん》の制服。

⑨ □《ご》解《かい》される。

⑩ 生《せい》□《たん》の地。

2 読みがなにあう漢字を書きましょう。

① □□《ざっし》を買う。

② □□《つうやく》の仕事。

③ 家庭□□《ほうもん》。

④ □□《せいい》をこめる。

⑤ □□《とうろん》会《かい》。

⑥ □□《たんじょう》日《び》を祝う。

⑦ 伊豆《いず》□□《しょとう》。

⑧ □□《どうし》を使う。

3 次のことばを漢字と送りがなで〔　〕に書きましょう。

① 書き〔　〕《あやまる》。

② 京都を〔　〕《たずねる》。

4 「水《みず》・氵《さんずい》」のつく漢字

沿・泉・洗・派・済・源・潮・激

水

なりたち

「水《みず》」は、みず・が流れる様子をえがいた形です。また、「氵《さんずい》」は、「水」の変化した形です。

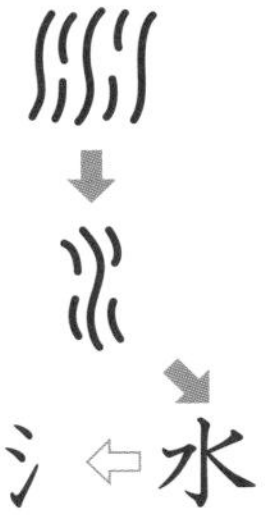

漢字	水	池	汽	海	活	氷	決	泳
学年	①	②	②	②	②	③	③	③
主な読み方	スイ みず	チ いけ	キ ―	カイ うみ	カツ ―	ヒョウ こおり	ケツ きめる	エイ およぐ

※○数字は習う学年

漢字	注	波	油	洋	消	流	深	温	湖	港	湯	漢	求
学年	③	③	③	③	③	③	③	③	③	③	③	③	④
主な読み方	チュウ そそぐ	ハ なみ	ユ あぶら	ヨウ ―	ショウ きえる けす	リュウ ながれる	シン ふかい	オン あたたかい	コ みずうみ	コウ みなと	トウ ゆ	カン ―	キュウ もとめる

漢字	沖	泣	治	法	浅	浴	清	滋	満	漁	潟	永	河
学年	④	④	④	④	④	④	④	④	④	④	④	⑤	⑤
主な読み方	(チュウ) おき	(キュウ) なく	ジ・チ おさめる なおる	ホウ ―	(セン) あさい	ヨク あびる	セイ きよい	(ジ) ―	マン みちる	ギョ リョウ ―	― かた	エイ ながい	カ かわ

漢字	液	混	減	測	準	演	潔	沿	泉	洗	派	済	源	潮	激
学年	⑤	⑤	⑤	⑤	⑤	⑤	⑤	⑥	⑥	⑥	⑥	⑥	⑥	⑥	⑥
主な読み方	エキ ―	コン まじる こむ	ゲン へる	ソク はかる	ジュン ―	エン ―	ケツ (いさぎよい)	エン そう	セン いずみ	セン あらう	ハ ―	サイ すむ	ゲン みなもと	チョウ しお	ゲキ はげしい

（染→45ページ）

沿

読み方	意味
エン そう	・したがって続く、そう

なりたち
「氵(みず)」と「㕣(水が流れるくぼみ)」を合わせた字。水がくぼみにそって低い方へ流れることから、ものごとや場所にそ・う・ことを表す。

8画
沿 沿 沿 沿 沿 沿 沿 沿

練習
あける
沿
沿

1 「沿」を書きましょう。

日本海□《えん》岸《がん》。

鉄道の□《えん》線《せん》。

道に□《そ》って歩く。

川《かわ》□《ぞ》いの道。

2 読みがなを書きましょう。

日本海沿岸。（　　）

鉄道の沿線。（　　）

道に沿って歩く。（　　）

川沿いの道。（　　）

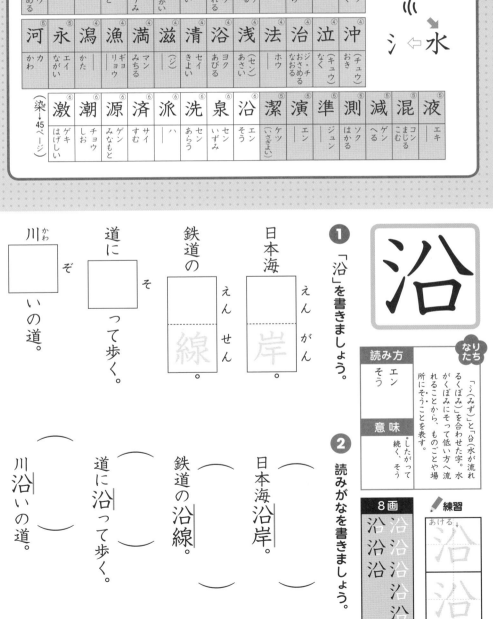

泉

なりたち
岩の穴《あな》から水がわき出る様子をえがいた字。岩の間からわき出る水、いずみを表す。

読み方	意味
セン いずみ	・自然にわき出す水 ・ものごとが出てくるもと

9画
泉 泉 泉 泉 泉 泉 泉 泉 泉

練習
泉（はねる↑） 泉

❶ 「泉」を書きましょう。

□《いずみ》がわく。

知識の□《いずみ》。

温□《おんせん》に入る。

❷ 読みがなを書きましょう。

泉がわく。（　　）

知識の泉。（　　）

温泉に入る。（　　）

洗

なりたち
「氵（みず）」と「先（人の足の指先）」を合わせた字。足の指の間に水を流してよごれをすすぐ、あらう意味を表す。

読み方	意味
セン あらう	・水などでよごれをのぞく

9画
洗 洗 洗 洗 洗 洗 洗 洗 洗

練習
（つき出す↙）洗 洗

❶ 「洗」を書きましょう。

顔を□《あら》う。

□《せん》たく機《き》。

□面所《せんめんじょ》。

❷ 読みがなを書きましょう。

顔を洗う。（　　）

洗たく機。（　　）

洗面所に入る。（　　）

派

なりたち
「氵（みず）」と「𠂢（川から支流が分かれる様子）」を合わせた字。もとになるものから分かれたものの意味を表す。

読み方	意味
ハ	・分かれ出る ・さしむける

9画
派 派 派 派 派 派 派 派 派

練習
派（はねない） 派

❶ 「派」を書きましょう。

流□《りゅうは》。

賛成《さんせい》□《は》。

立□《りっぱ》な家に住む。

❷ 読みがなを書きましょう。

生け花の流派。（　　）

賛成派。（　　）

立派な家に住む。（　　）

ドリル

1つ・5点

点

1 ——線の漢字の読みがなを書きましょう。

① 泉がわき出る。（　　）

② 道に沿って歩く。（　　）

③ 立派な業績。（　　）

④ くつを洗う。（　　）

⑤ 鉄道の沿線。（　　）

⑥ 温泉に入る。（　　）

⑦ 洗たく機《き》。（　　）

⑧ 生け花の流派。（　　）

⑨ 賛成《さんせい》派と反対派。（　　）

⑩ 日本海の沿岸。（　　）

2 読みがなにあう漢字を書きましょう。

① □《いずみ》のほとり。

② □□□《せんめんじょ》。

③ 茶道《さどう》の□□《りゅうは》。

④ □《せん》たくの手伝い。

⑤ 日本海□□《えんがん》。

⑥ 反対《はんたい》□《は》の意見。

⑦ □□《おんせん》。

⑧ □□《りっぱ》。

⑨ 川《かわ》□《ぞ》いの道。

⑩ 顔を（　あら　）う。

済

なりたち
「氵(みず)」と「斉(でこぼこがなく、きちんとそろえる)」を合わせた字。川の水量をそろえることから、ものごとをきちんとすますことを表す。

読み方	意味
サイ すむ すます	・きちんと終わる ・助ける

11画
済 済 済 済 済 済 済 済 済 済 済

練習
済 済
「月」としない

❶ 「済」を書きましょう。

日本の経□《けいざい》。

難民《なんみん》の救□《きゅうさい》。

食事が□《す》む。

宿題を□《す》ませる。

❷ 読みがなを書きましょう。

日本の経済。（　　）

難民の救済活動。（　　）

食事が済む。（　　）

宿題を済ませる。（　　）

源

なりたち
「氵(みず)」と「原(がけの下の泉から水が流れ出る様子)」を合わせた字。流れ出る水のみなもとという意味を表す。

読み方	意味
ゲン みなもと	・川の水のもと、ものごとの始まり

13画
源 源 源 源 源 源 源 源 源 源

練習
源 源
はねる↑

❶ 「源」を書きましょう。

地球の資□《しげん》。

川の水□《すいげん》地《ち》。

電□《でんげん》を切る。

日本文化の□《みなもと》。

❷ 読みがなを書きましょう。

地球の資源を守る。（　　）

川の水源地。（　　）

電源を切る。（　　）

日本文化の源。（　　）

潮

なりたち
「氵(みず)」と「朝(太陽がのぼるあさ)」を合わせた字。朝日がのぼるにつれて、満ちてくる海水、しおを表す。

読み方
チョウ
しお

意味
●満ち引きする海水
●世の中の動向

15画

練習 「車」としない

1 「潮」を書きましょう。

しお
□が満ちる。

しお かぜ
□風がふく。

まん ちょう
満□の時刻《じこく》。

ふう ちょう
世の中の風□。

2 読みがなを書きましょう。

潮(　　)が満ちる。

潮風(　　)がふく。

満潮(　　)の時刻。

世の中の風潮(　　)。

激

なりたち
「氵(みず)」と「白(しろ)」と「放(四方に散る)」を合わせた字。水が白いしぶきを上げて散る様子から、はげしい意味を表す。

読み方
ゲキ
はげしい

意味
●勢いが強い
●心を強く動かす

16画

練習 ↑はねる

1 「激」を書きましょう。

はげ
□しい痛《いた》み。

はげ
雨が□しく降《ふ》る。

かん げき
感□のなみだ。

きゅう げき
急□な変化。

2 読みがなを書きましょう。

歯の激(　　)しい痛み。

雨が激(　　)しく降る。

感激(　　)のなみだ。

天候の急激(　　)な変化。

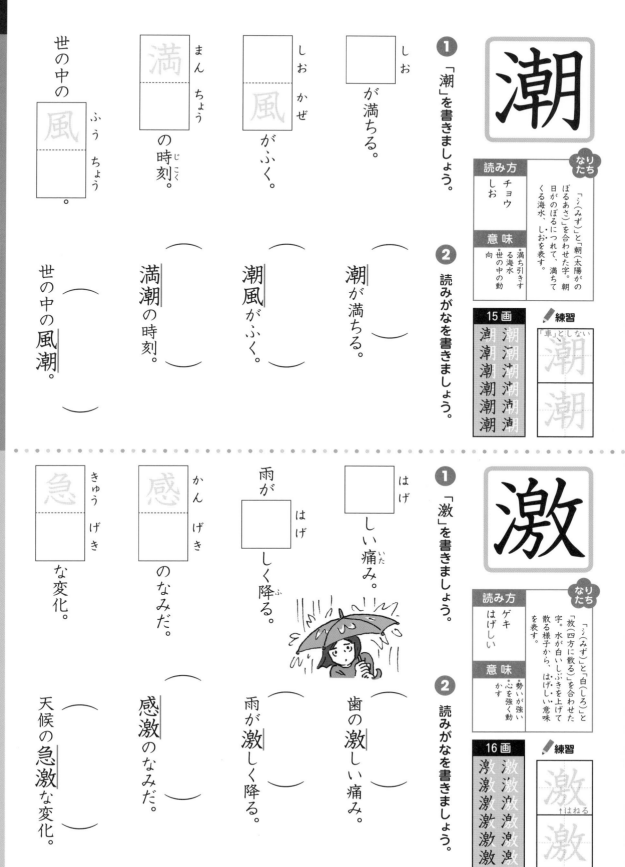

ドリル

点

1つ・5点

❶ ――線の漢字の読みがなを書きましょう。

① 電源を切る。（　　）

② 潮が満ちる。（　　）

③ 感激のなみだ。（　　）

④ 日本の経済。（　　）

⑤ 難民《なんみん》の救済活動。（　　）

⑥ 川の源をたどる。（　　）

⑦ 世の中の風潮。（　　）

⑧ 歯の激しい痛《いた》み。（　　）

⑨ 地球の資源。（　　）

⑩ 宿題を済ませる。（　　）

❷ 読みがなにあう漢字を書きましょう。

① 川の□□（すいげん）地《ち》。

② 勝利の□□（かんげき）。

③ □□（まんちょう）の時刻《じこく》。

④ 日本の□□（けいざい）。

⑤ □□（きゅうげき）な変化。

⑥ □□（しげん）を守る。

⑦ □□（しおかぜ）。

⑧ 食事が［　］（す）む。

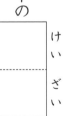

⑨ 文化の□（みなもと）。

⑩ ［　］（はげ）しい雨。

5 「人《ひと》・亻《にんべん》・𠆢《ひとやね》」のつく漢字

供・仁・値・俳・傷・優・俵

人

なりたち

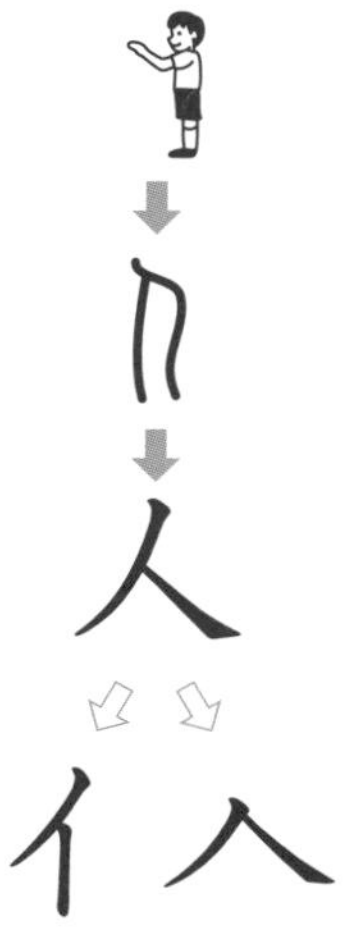

「人《ひと》」はひと・と・を横からえがいた形で、「亻《にんべん》・𠆢《ひとやね》」は「人」の変化した形です。

※○数字は習う学年

漢字	主な読み方
人①	ジン・ニン　ひと
休①	キュウ　やすむ
今②	コン　いま
会②	カイ　あう
何②	(カ)　なに
作②	サク・サ　つくる
体②	タイ　からだ
仕③	シ　つかえる
他③	タ　ほか
代③	ダイ　かわる
全③	ゼン　まったく　すべて
住③	ジュウ　すむ
使③	シ　つかう
係③	ケイ　かかる
倍③	バイ　―
以④	イ　―
付④	フ　つける
令④	レイ　―
仲④	(チュウ)　なか
伝④	デン　つたわる
位④	イ　くらい
佐④	サ　―
低④	テイ　ひくい
例④	レイ　たとえる
信④	シン　―
便④	ベン・ビン　たより
候④	コウ　(そうろう)
借④	シャク　かりる
倉④	ソウ　くら
健④	ケン　(すこやか)
側④	ソク　がわ
働④	ドウ　はたらく
億④	オク　―
仏⑤	ブツ　ほとけ
仮⑤	カ　かり
件⑤	ケン　―
任⑤	ニン　まかせる
似⑤	(ジ)　にる
余⑤	ヨ　あまる
価⑤	カ　(あたい)
舎⑤	シャ　―
保⑤	ホ　たもつ
個⑤	コ　―
修⑤	シュウ　おさめる
停⑤	テイ　―
備⑤	ビ　そなえる
像⑤	ゾウ　―
仁⑥	ジン　―
供⑥	キョウ　そなえる　とも
値⑥	チ　ね
俳⑥	ハイ　―
俵⑥	ヒョウ　たわら
傷⑥	ショウ　きず
優⑥	ユウ　(すぐれる)

供

読み方
キョウ
(ク)
そなえる
とも

意味
・さし出す
・ささげる
・ついて行く

なりたち
「亻(ひと)」と「共(物を両手でささげ持つ)」を合わせた字。物をささげたり、そなえたりすることを表す。

8画
供 供 供 供 供 供 供 供

練習
供 長く↓
供

1 「供」を書きましょう。

材料の［提］［　］《ていきょう》。

食料の［　］《きょう》［給］《きゅう》。

仏様に花を［　］《そな》える。

［子］《こ》［　］《ども》と大人《おとな》。

2 読みがなを書きましょう。

材料の提供。（　　）

食料の供給。（　　）

仏様に花を供える。（　　）

子供と大人。（　　）

仁

なりたち
「イ(ひと)」と「二(ふた)つ」を合わせた字。二人の人が仲良くする意味から、人に対する思いやりの意味を表す。

読み方
ジン
(ニ)
—

意味
●思いやり、いつくしみ

練習
仁（長く）
仁

4画
仁 仁 仁 仁

1 「仁」を書きましょう。

□《じん》義《ぎ》を重んじる。
(情け深い心と正しい行いを重んじる)

医は□《じん》術《じゅつ》。
(医者の仕事は思いやりの心が大切だということ)

2 読みがなを書きましょう。

仁義を重んじる。
（　　　）

医は仁術。
（　　　）

値

なりたち
「イ(ひと)」と「直(まっすぐ見る)」を合わせた字で、そのものにぴったりとつりあったねだんをつけることを表す。

読み方
チ
ね
(あたい)

意味
●ねだん、ねうち
●数量の大きさ

練習
値（おる）
値

10画
値

1 「値」を書きましょう。

価《か》□《ち》。

□《ね》段《だん》。

□《ね》打《う》ちがある絵。

2 読みがなを書きましょう。

価値が高い。
（　　　）（　　　）

品物の値段。
（　　　）

値打ちがある絵。
（　　　）

俳

なりたち
「イ(ひと)」と「非(羽が左右に分かれる)」を合わせた字。左右に分かれてかけ合いの芸をする人、また役者のことを表す。

読み方
ハイ
—

意味
●はい句のこと
●役者

練習
俳（はらう）
俳

10画
俳

1 「俳」を書きましょう。

□《はい》句《く》。

□《はい》人《じん》。
(はい句をよむ人)

有名な□《はい》優《ゆう》。

2 読みがなを書きましょう。

俳句をよむ。
（　　　）

現代の俳人。
（　　　）

有名な俳優。
（　　　）

ドリル

点

1つ・5点

1 ——線の漢字の読みがなを書きましょう。

① 品物の値段。（　　　）

② 現代の俳人。（　　　）

③ 値打《う》ちがある皿。（　　　）

④ 子供と大人《おとな》。（　　　）

⑤ ガスの供給。（　　　）

⑥ 価値がある絵。（　　　）

⑦ 仁義を重んじる。（　　　）

⑧ 俳句をよむ。（　　　）

⑨ 有名な俳優。（　　　）

⑩ 材料の提供。（　　　）

2 読みがなにあう漢字を書きましょう。

① ももの［ね］［だん］。（段）

② ［か］［ち］が高い。

③ 医は［じん］［じゅつ］。

④ 食料の［きょう］［きゅう］。

⑤ ［ね］打ちのある絵。

⑥ 人気の［はい］［ゆう］。（優）

⑦ ［はい］［く］。

⑧ ［こ］［ども］と遊ぶ。

⑨ ［じん］［ぎ］。

⑩ お墓に花を［そな］える。

傷

なりたち
「イ（ひと）」と「昜（ものに強く当たる）」を合わせた字。人がものに強くぶつかってきずつくことを表す。

読み方
ショウ
きず
（いたむ）
（いためる）

意味
・きず
・きずつける
・悲しむ

練習
はねる←

13画

1 「傷」を書きましょう。

負《ふ》□《しょう》。
感《かん》□《しょう》。
足の□《きず》が痛《いた》む。

2 読みがなを書きましょう。

負傷する。（　　）
感傷にひたる。（　　）
足の傷が痛む。（　　）

優

なりたち
「イ（ひと）」と「憂（心がしずんで、やさしくしなやかになる様子）」を合わせた字。やさしい、すぐれるという意味を表す。

読み方
ユウ
（やさしい）
（すぐれる）

意味
・やさしい
・すぐれる
・大切にする
・役者

練習
「百」としない

17画

1 「優」を書きましょう。

□《ゆう》勝《しょう》。
□《ゆう》秀《しゅう》。
バスの□《ゆう》先《せん》席《せき》。

2 読みがなを書きましょう。

優勝する。（　　）
優秀《しゅう》な成績。（　　）
バスの優先席。（　　）

俵

なりたち
「イ（ひと）」と「表（外側やおもて）」を合わせた字。もとは、倉の米を表に出して人に分けること。日本では、米を入れるたわらのことを表す。

読み方
ヒョウ
たわら

意味
・米などを入れるわらのふくろ

練習
長く

10画

1 「俵」を書きましょう。

□《たわら》をかつぐ。
一《いっ》□《ぴょう》。
すもうの土《ど》□《ひょう》。

2 読みがなを書きましょう。

俵をかつぐ。（　　）
一俵の米。（　　）
すもうの土俵。（　　）

ドリル

1つ・5点

点

❶ ――線の漢字の読みがなを書きましょう。

① 【土俵】に立つ。（　　）

② 【傷】の手当て。（　　）

③ 足を【負傷】する。（　　）

④ 【優勝】する。（　　）

⑤ 【優】秀《しゅう》な成績。（　　）

⑥ 【一俵】の米。（　　）

⑦ 【感傷】にひたる。（　　）

⑧ 【傷口】の消毒。（　　）

⑨ バスの【優先】席《せき》。（　　）

⑩ 【俵】をかつぐ。（　　）

❷ 読みがなにあう漢字を書きましょう。

① 赤組の［ゆうしょう］。

② ［いっぴょう］の米。

③ ［ゆう］秀《しゅう》な人。

④ ［たわら］を運ぶ。

⑤ ［かんしょう］にひたる。

⑥ ［ゆうせん］席《せき》。

⑦ ［どひょう］。

⑧ 足を［ふしょう］する。

⑨ ［きず］が痛《いた》む。

⑩ ［ゆうしょう］カップ。

6 「禾《のぎへん・のぎ》」のつく漢字

私・秘・穀

禾

なりたち

「禾《のぎへん・のぎ》(禾)」は、いねなどの作物のほ・をえがいた形です。
「禾」のつく漢字には、穀物《こくもつ》や作物、作物の性質に関係するものがあります。

「木」(きへん)
「ネ」(しめすへん)
「米」(こめへん)
などとのちがいに注意してね。

※○数字は習う学年

漢字	②科	②秋	③秒	④種	④積	⑤移	⑤税	⑤程	⑥私	⑥秘	⑥穀
主な読み方	カ —	シュウ あき	ビョウ —	シュ たね	セキ つむ	イ うつる	ゼイ —	テイ (ほど)	シ わたくし わたし	ヒ (ひめる)	コク —

私

なりたち

「禾(収《しゅう》かくした穀物《こくもつ》)」と「ム(自分のうでにかかえこむ)」を合わせた字。自分の分をかかえこむことから、自分のという意味を表す。

読み方
シ
わたくし
わたし

意味
・自分
・個人

7画
私 私 私 私 私 私 私

練習
短く

1 「私」を書きましょう。

わたくし□の家族。

わたし□の友人。

し□服《ふく》。

し□有《ゆう》地《ち》。

2 読みがなを書きましょう。

私（　　）の家族。

私（　　）の友人。

私（　　）服で集合する。

私（　　）有地の立て札。

秘

なりたち
もとの字は「祕」。「示(神)」と「必(ぼうをひもでしめつける)」を合わせた字。神でんのとびらをしめて、中を見えなくすることを表す。

読み方
ヒ
(ひめる)

意味
・かくす
・はかりしれない

10画

練習 はねる↑

1 「秘」を書きましょう。

ひみつ
［　］密を守る。

生命の しんぴ
神［　］。
(人間のちえでは理解できない生命の不思議なこと)

ひきょう
［　］境。
(人がまだ行ったことのない場所)

ひぞう
［　］蔵の絵。
(大切にしまっておいた絵)

2 読みがなを書きましょう。

秘密を守る。(　　)

生命の神秘。(　　)

アマゾンの秘境。(　　)

秘蔵の絵。(　　)

穀

なりたち
「𡉉(かたいから)」と「禾(いね)」と「殳(こつこつとたたく)」を合わせた字。かたいからをたたいて、実を取るこくもつのことを表す。

読み方
コク
—

意味
・米や麦など人が主食とする作物

14画

練習 ←はねる

1 「穀」を書きましょう。

こくもつ
［　］物の生産。

こくるい
［　］類の貯蔵《ちょぞう》。

こくそう
［　］倉地帯。
(こく物がたくさんとれる地帯)

いねを脱《だっ》 こく
［　］する。
(いねのほかから米をとる)

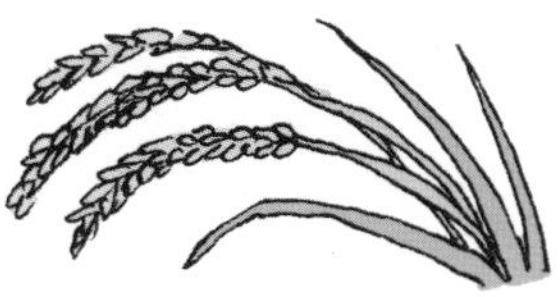

2 読みがなを書きましょう。

穀物の生産。(　　)

穀類の貯蔵。(　　)

日本の穀倉地帯。(　　)

いねを脱《だっ》穀する。(　　)

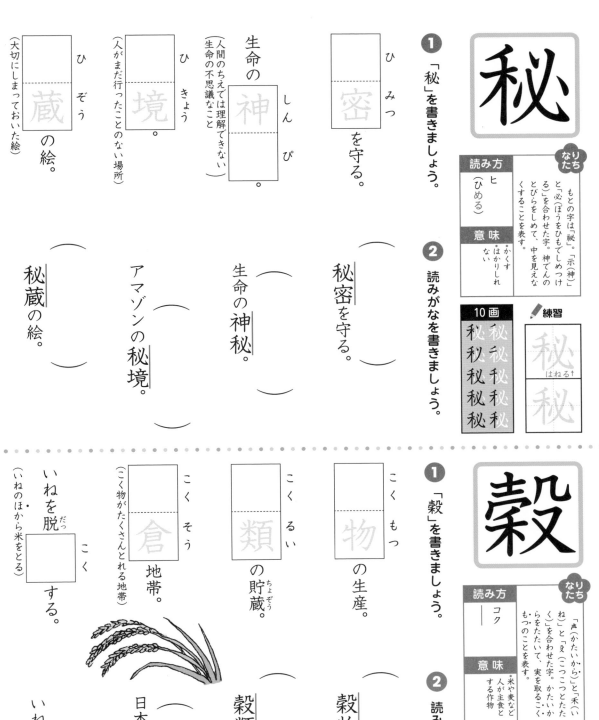

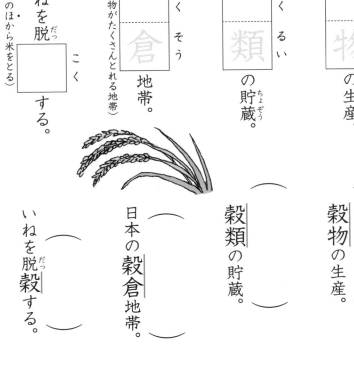

ドリル

□点
1つ・5点

1 ――線の漢字の読みがなを書きましょう。

① 私の書いた文章。（　　）
② 秘密を守る。（　　）
③ 穀物の生産。（　　）
④ 私服を着る。（　　）
⑤ 生命の神秘。（　　）
⑥ 穀倉地帯。（　　）
⑦ いねを脱《だっ》穀する。（　　）
⑧ アマゾンの秘境。（　　）
⑨ 秘蔵の絵。（　　）
⑩ 私有地《ち》の立て札。（　　）

2 読みがなにあう漢字を書きましょう。

① □密《ひみつ》にする。
② □□《しふく》と制服。
③ □□《こくるい》の貯蔵《ちょぞう》。
④ □蔵《ひぞう》の絵。
⑤ □《わたし》の友人。
⑥ □□《こくそう》地帯。
⑦ いねの脱《だっ》□《こく》。
⑧ □□《しんぴ》的《てき》な宇宙《うちゅう》。
⑨ □《わたくし》の家族。
⑩ □□《こくもつ》の生産。

まとめドリル

□点
1つ・5点

1 読みがなにあう漢字を書きましょう。

① □《わたくし》の家族。

② □《いずみ》がわく。

③ 品物の□《ね》段《だん》。

④ 生命の□《みなもと》。

⑤ □《たわら》の米。

⑥ 茶《さ》道《どう》の流《りゅう》□《は》。

⑦ 食料の□《きょう》給《きゅう》。

⑧ 切《き》り□《きず》。

⑨ 快い□《しお》風《かぜ》。

⑩ □《ひ》密《みつ》の地図。

2 読みがなにあう漢字を書きましょう。

① □□《おんせん》に入る。

② 有名な□□《はいゆう》。

③ 医は□□《じんじゅつ》。

④ □□《こくもつ》の生産。

⑤ □□《どひょう》入り。

⑥ 世界の□□《けいざい》。

3 次のことばを漢字と送りがなで〔　〕に書きましょう。

① 道に〔　　〕《そう》。

② 宿題を〔　　〕《すませる》。

③ 体を〔　　〕《あらう》。

④ 〔　　〕《はげしい》痛《いた》み。

7 「木《き》・木《きへん》」のつく漢字

模・机・枚・染・株・棒・権・樹

木

なりたち

「木《き》(木《きへん》)」はき・えがいた形で、「木」のつく漢字には木に関係するものが多くあります。

漢字	学年	主な読み方
木	①	ボク・モク / き・こ
本	①	ホン / もと
村	①	ソン / むら
林	①	リン / はやし
校	①	コウ / —
森	①	シン / もり
来	②	ライ / くる
東	②	トウ / ひがし
楽	②	ガク・ラク / たのしい
板	③	ハン・バン / いた
柱	③	チュウ / はしら
根	③	コン / ね
植	③	ショク / うえる
業	③	ギョウ / (わざ)
様	③	ヨウ / さま
横	③	オウ / よこ
橋	③	キョウ / はし
札	④	サツ / ふだ
末	④	マツ / すえ
未	④	ミ / —
材	④	ザイ / —
束	④	ソク / たば
果	④	カ / はたす
松	④	ショウ / まつ
栄	④	エイ / さかえる
栃	④	— / とち
案	④	アン / —
梅	④	バイ / うめ
械	④	カイ / —
梨	④	— / なし
極	④	キョク / (きわめる)
標	④	ヒョウ / —
機	④	キ / (はた)
条	⑤	ジョウ / —
枝	⑤	(シ) / えだ
査	⑤	サ / —
桜	⑤	(オウ) / さくら
格	⑤	カク / —
検	⑤	ケン / —
構	⑤	コウ / かまえる
机	⑥	(キ) / つくえ
枚	⑥	マイ / —
染	⑥	(セン) / そめる
株	⑥	— / かぶ
棒	⑥	ボウ / —
模	⑥	モ・ボ / —
権	⑥	ケン / —
樹	⑥	ジュ / —

※○数字は習う学年

模

読み方	
モ ボ	—

意味
・手本 ・まねる ・様子

なりたち

「木(き)」と「莫(太陽が草原にしずむ様子。上からものをかぶせて見えなくなる)」を合わせた字。木の型にねん土をかぶせて作るいがたを表す。

14画

模 模 模 模 模 模 模 模 模 模

練習

模 模

1 「模」を書きましょう。

きぼ 規［ ］が大きい。

もけい［ ］型 飛行機。

花の もよう［ ］様。

も［ ］範《はん》の演技。

2 読みがなを書きましょう。

規模(　　)が大きい。

模型(　　)飛行機。

花の模様(　　)。

模(　　)範《はん》の演技。

机

なりたち
「木（き）」と「几（四角で平らな台）」を合わせた字。木でつくった四角のつ・く・え・を表す。

6画

練習　はねる↑

読み方　（キ）　つくえ

意味　・つくえ

❶「机」を書きましょう。

□《つくえ》に向かう。　勉強《べんきょう》□《づくえ》。

□《つくえ》で本を読む。

❷ 読みがなを書きましょう。

机（　　）に向かう。　勉強机（　　）。

机（　　）で本を読む。

枚

なりたち
「木（き）」と「攵（手で持つ）」を合わせた字。もとは、つえやむち。後に、つえで一つずつ数えることから数える単位になった。

8画

練習　出す↓

読み方　マイ

意味　・紙などのうすい物を数えることば

❶「枚」を書きましょう。

三《さん》□《まい》の布。　□《まい》数《すう》。

□《まい》挙《きょ》にいとまがない。（一つ一つあげきれないほど多い）

❷ 読みがなを書きましょう。

三枚（　　）の布。　紙の枚数（　　）。

枚挙（　　）にいとまがない。

染

なりたち
「氵（みず）」と「朵（液体を入れるうつわ）」を合わせた字。布や糸を色水にひたし、色をしみこませる、そ・め・る・意味を表す。

9画

練習　はねる↓

読み方　（セン）　そめる　そまる　（しみる）　（しみ）

意味　・色をしみこませる

❶「染」を書きましょう。

赤く□《そ》まる。　□《そ》め物《もの》。

かみの毛を□《そ》める。

❷ 読みがなを書きましょう。

赤く染（　　）まる。　染（　　）め物の仕事。

かみの毛を染（　　）める。

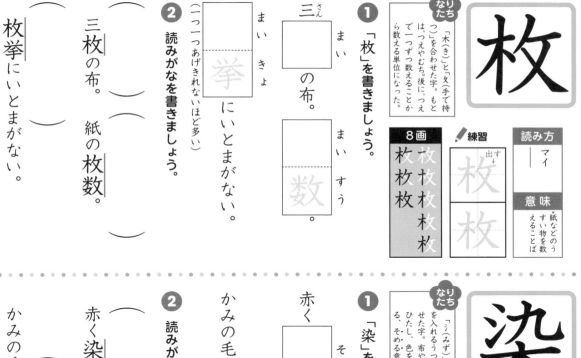

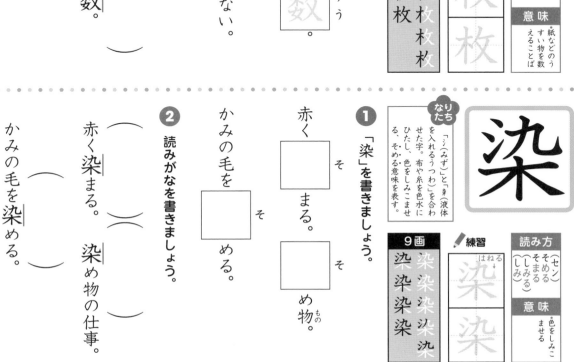

ドリル

1つ・5点

点

1 ——線の漢字の読みがなを書きましょう。

① 三《さん》枚の布。

② 空が赤く染まる。

③ 水玉模様。

④ 机に向かう習慣。

⑤ 染め物《もの》の職人。

⑥ 工事の規模。

⑦ 勉強《べんきょう》机。

⑧ 紙の枚数を数える。

⑨ 模範《はん》の演技。

⑩ しらがを染める。

2 読みがなにあう漢字を書きましょう。

① □《つくえ》で本を読む。

② □□《きぼ》が大きい。

③ □□《もけい》飛行機。

④ 一《いち》□《まい》の紙。

⑤ 紙の□□《まいすう》。

⑥ 仕《し》事《ごと》□《づくえ》。

⑦ □《そ》め物。

⑧ ほおを［　《そ》］める。

⑨ 花の□□《もよう》。

⑩ 顔が赤く［　《そ》］まる。

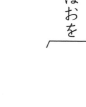

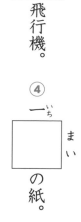

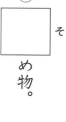

株

なりたち
「木(き)」と「朱(木の切りかぶ)」を合わせた字。木を切った後に残っている、切りかぶを表す。

読み方
かぶ

意味
●草木の切りのこした根元
●かぶ式

10画

練習
わすれずに

1 「株」を書きましょう。

切《き》り□《かぶ》。

二《ふた》□《かぶ》のきく。

□式《かぶしき》会社。

2 読みがなを書きましょう。

木の切り株。（　　）

二株のきく。（　　）

株式会社を設立する。（　　）

棒

なりたち
「木(き)」と「奉(両手でぼうを持っている様子)」を合わせた字。木のぼうのことを表す。

読み方
ボウ

意味
●ぼう
●まっすぐな線

12画

練習
「キ」の形に注意

1 「棒」を書きましょう。

木の□《ぼう》。

□《ぼう》グラフ。

校庭の鉄□《てつぼう》。

2 読みがなを書きましょう。

木の棒。（　　）

棒グラフ。（　　）

校庭の鉄棒。（　　）

漢字の訓と音

漢字の訓は、もともと日本にあったことばを漢字に当てた読み方ですから、聞いてもすぐに理解できます。

逆に、漢字の音は、もとは中国で使われていた読み方ですから、聞いただけでは、ぴんとこないものが多いわけです。

しかし、そんな音の読み方の中でも、分かりやすいものがあります。上の「棒《ぼう》」もそうですが、「絵《え》」、「本《ほん》」、「茶《ちゃ》」、「台《だい》」、「肉《にく》」、「門《もん》」、「列《れつ》」、「服《ふく》」、「駅《えき》」、「毒《どく》」、などは、漢字一字でも、よく分かりますね。

権

なりたち
「木(き)」と「雚(そろえる)」を合わせた字。もとは、重さをはかる棒《ぼう》ばかりを表したことから、つり合いを考えて、人々を支配することを表す。

読み方	意味
ケン (ゴン) ―	・人や物事を支配できる力

15画
権 権 権 権 権 権 権 権 権 権 権 権

練習
点をわすれずに

1 「権」を書きましょう。

けんり　□利と義務。

けんりょく　□力をにぎる。

じんけん　人□を守る。

せんきょけん　選挙□。

2 読みがなを書きましょう。

権利と義務。（　　）

権力をにぎる。（　　）

人権を守る。（　　）

選挙権がある。（　　）

樹

なりたち
「木(き)」「壴(まっすぐにたいこを立てる)」と「寸(て)」を合わせた字。まっすぐに立っている木を表す。また、うちたてることも表す。

読み方	意味
ジュ ―	・立ち木 ・うち立てる

16画
樹 樹 樹 樹 樹 樹 樹 樹 樹 樹 樹 樹

練習
はらう

1 「樹」を書きましょう。

じゅもく　山の□木。

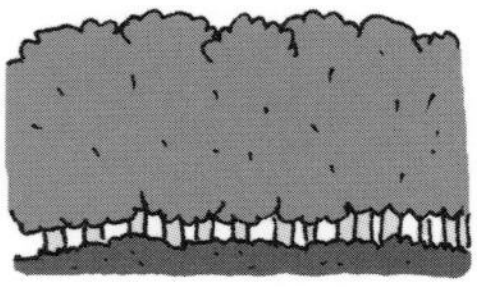

きねんじゅ　記念□。

しんようじゅ　針葉□。
（細長いはりのような葉をもつ木）

じゅりつ　新記録の□立。
（新記録を作りだすこと）

2 読みがなを書きましょう。

山の樹木。（　　）

卒業の記念樹。（　　）

針葉樹と広葉樹。（　　）

新記録の樹立。（　　）

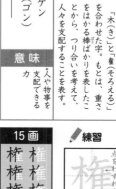

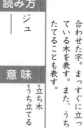

ドリル

点

1つ・5点

1 ――線の漢字の読みがなを書きましょう。

① 木の切《き》り株。（　　）

② 木の棒。（　　）

③ 権力をにぎる。（　　）

④ 山の樹木。（　　）

⑤ 校庭の鉄棒。（　　）

⑥ 二《ふた》株のきく。（　　）

⑦ 針葉樹の森。（　　）

⑧ 選挙権がある。（　　）

⑨ 株式会社。（　　）

⑩ 棒グラフに表す。（　　）

2 読みがなにあう漢字を書きましょう。

① □□（けんり）と義務。

② □□（じゅもく）の保護。

③ 木の切り□（かぶ）。

④ 指揮《しき》□（ぼう）をふる。

⑤ 基本的□□（じんけん）。

⑥ □□□（せんきょけん）。

⑦ □□（てつぼう）。

⑧ 卒業□□□（きねんじゅ）。

⑨ □□（かぶしき）会社。

⑩ 新記録の□□（じゅりつ）。

8 「肉《にく》・月《にくづき》」のつく漢字

背・肺・脳・臓・胸・腹・胃・腸

肉

なりたち

肉

月

「肉《にく》」は、すじのあるにくのひと切れをえがいた形です。また、「月《にくづき》」は、「肉」の変化したものです。「月」のつく漢字には、体の器官に関係するものが多くあります。

「朗」は「つきへん」で131ページ、「骨」は「ほね」で156ページに出ているよ。

※○数字は習う学年

漢字	肉②	有③	育③	肥⑤
主な読み方	ニク / —	ユウ / ある	イク / そだつ / はぐくむ	ヒ / こえる

漢字	能⑤	脈⑤	胃⑥	背⑥	肺⑥	胸⑥	脳⑥	腸⑥	腹⑥	臓⑥
主な読み方	ノウ / —	ミャク / —	イ / —	ハイ / せ・せい	ハイ / —	キョウ / むね	ノウ / —	チョウ / —	フク / はら	ゾウ / —

背

なりたち

「北(二人の人がせなかを向け合っている様子)」と「月(にく。体)」を合わせた字。人のせなかのことを表す。

読み方

ハイ
せ・せい
(そむく)
(そむける)

意味

・せなか
・身長
・うら側や後ろ

9画

背 背 背 背 背 背 背 背 背

練習

背 はねる

背

1 「背」を書きましょう。

父の□中《せなか》。

□比《せいくら》べ。

物語の□景《はいけい》。

□後《はいご》関係。

(かげにかくれている部分との関係)

2 読みがなを書きましょう。

父の背中を流す。（　　）

背比べをする。（　　）

物語の背景。（　　）

事件の背後関係。（　　）

肺

なりたち
「月（にく。体）」と「市（ぱっと開く）」を合わせた字。胸《むね》を開いたり、縮《ちぢ》めたりして呼吸《こきゅう》するはい を表す。

読み方
ハイ

意味
・はい

練習
はねる←

9画

❶「肺」を書きましょう。

はい（　）で呼吸《こきゅう》する。

はい（　）炎《えん》。

はいかつりょう（　）活量。
（息をできるだけすいこんではいた空気の量）

❷読みがなを書きましょう。

肺で呼吸する。（　　）

肺炎《えん》の患者《かんじゃ》。（　　）

肺活量の測定。（　　）

脳

なりたち
「月（にく。体）」と「㐫（ノウ」）の音が、やわらかくまがる意味を表す）」を合わせた字。頭の中にあるやわらかいのうを表す。

読み方
ノウ

意味
・のう
・頭のはたらき
・中心となる人物

練習
点の向きに注意

11画

❶「脳」を書きましょう。

人間の　のう（　）。

ずのう（頭　）。

❷読みがなを書きましょう。

各国の　しゅのう（首　）。
（各国の政府などで中心となって働く人）

人間の脳。（　　）

すぐれた頭脳。（　　）

各国の首脳が集まる。（　　）

臓

なりたち
「月（にく。体）」と「蔵（作物をしまうくら）」を合わせた字。体の中にしまいこまれた、いろいろな器官の意味を表す。

読み方
ゾウ

意味
・体の中の器官

練習
はねる↑

19画

❶「臓」を書きましょう。

しんぞう（心　）。

ないぞう（内　）。

❷読みがなを書きましょう。

二つのじん　ぞう（　）。

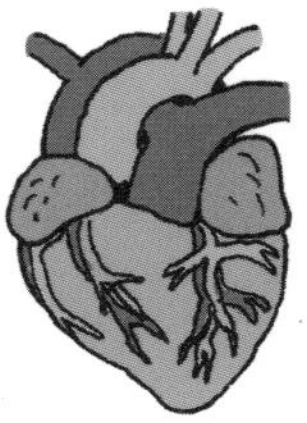

心臓の音。（　　）

内臓の検査。（　　）

二つのじん臓。（　　）

ドリル

1つ・5点

点

1 ――線の漢字の読みがなを書きましょう。

① 物語の背景。（　　　）

② 肺炎《えん》が治る。（　　　）

③ 人間の脳。（　　　）

④ 背比べをする。（　　　）

⑤ 肺で呼吸《こきゅう》する。（　　　）

⑥ 背中合わせ。（　　　）

⑦ 頭脳明せき。（　　　）

⑧ 各国の首脳。（　　　）

⑨ 事件の背後関係。（　　　）

⑩ 内臓の検査。（　　　）

2 読みがなにあう漢字を書きましょう。

① 父の［せなか］。

② ［はい］炎《えん》になる。

③ ［はい］のしくみ。

④ 人間の［のう］。

⑤ 二つのじん［ぞう］。

⑥ 物語の［はいけい］。

⑦ すぐれた［ずのう］。

⑧ ［はいご］関係。

⑨ ［しんぞう］の音。

⑩ ［はいかつりょう］。

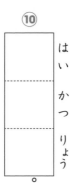

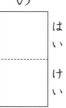

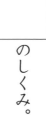

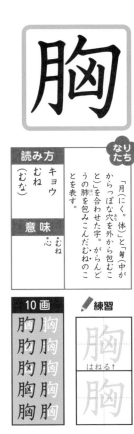

胸

なりたち
「月（にく。体）」と「匈（中がからっぽな穴《あな》を外から包むこと）」を合わせた字。がらんどうの肺《はい》を包みこんだむねのことを表す。

読み方
キョウ
むね
（むな）

意味
・むね
・心

10画

練習
はねる↑

1 「胸」を書きましょう。

□《むね》を張る。

□《むね》をなでおろす。（安心する）

□《きょう》囲《い》を測る。

度《ど》□《きょう》がある人。

2 読みがなを書きましょう。

胸（　　）を張って歩く。

胸（　　）をなでおろす。

胸囲（　　）を測る。

度胸（　　）がある人。

腹

なりたち
「月（にく。体）」と「复（重なってふくれる）」を合わせた字。腸がいくえにも重なってふくれたおなかのことを表す。

読み方
フク
はら

意味
・おなか
・心
・ものの中ほど

13画

練習
「又」としない←

1 「腹」を書きましょう。

□《はら》が痛《いた》い。

□《はら》を立てる。

満《まん》□《ぷく》になる。

山の中《ちゅう》□《ふく》。（山の上とふもとの中間）

2 読みがなを書きましょう。

腹（　　）が痛い。

腹（　　）を立てる。

満腹（　　）になる。

山の中腹（　　）。

胃

なりたち
「田（食べ物がいぶくろの中に散らばっている様子）」と「月（にく。からだ）」を合わせた字。食べ物を消化するいぶくろを表す。

読み方
イ

意味
・いぶくろ

9画

練習
胃 胃（はねる）

1 「胃」を書きましょう。

□《い》の検査。

□《い》ぶくろ。

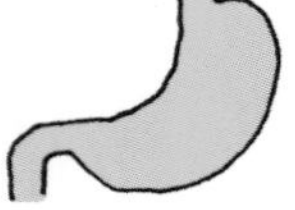

□《い》腸《ちょう》の薬。

□《い》炎《えん》が治る。

2 読みがなを書きましょう。

胃（　　）の検査をする。

胃（　　）ぶくろを満たす。

胃腸（　　）の薬を飲む。

胃炎《えん》（　　）が治る。

腸

なりたち
「月（にく。からだ）」と「昜（太陽の光のように長くのびる）」を合わせた字。体の中で長くのびるはらわた、ちょうを表す。

読み方
チョウ

意味
・ちょう

13画

練習
腸 腸（はねる）

1 「腸」を書きましょう。

胃《い》□《ちょう》の調子。

大《だい》□《ちょう》のしくみ。

もう□《ちょう》の手術。

断《だん》□《ちょう》の思い。
（はらわたがちぎれるほどつらい思い）

2 読みがなを書きましょう。

胃腸（　　）の調子。

大腸（　　）のしくみ。

もう腸（　　）の手術。

断腸（　　）の思い。

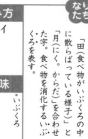

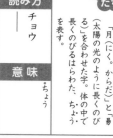

ドリル

1つ・5点

点

1 ——線の漢字の読みがなを書きましょう。

① 胸をなでおろす。（　　）

② 腹を立てる。（　　）

③ 胃が痛《いた》い。（　　）

④ 満腹で苦しい。（　　）

⑤ もう腸の手術。（　　）

⑥ 度胸がある人。（　　）

⑦ 山の中腹。（　　）

⑧ 牛の胃ぶくろ。（　　）

⑨ 胃腸の薬を飲む。（　　）

⑩ 大腸の検査。（　　）

2 読みがなにあう漢字を書きましょう。

① □□《どきょう》がある。

② □《むね》を張る。

③ □《はら》が痛《いた》い。

④ □《い》カメラ。

⑤ □□《きょうい》の測定。

⑥ 山の□□《ちゅうふく》。

⑦ □□《だいちょう》の働き。

⑧ □□《まんぷく》になる。

⑨ □《はら》が立つ。

⑩ □□《いちょう》の調子。

9 「日《ひ・ひへん》」のつく漢字

映・晩・暖・暮

日

なりたち

「日《ひ・ひへん》」は、太陽の形をえがいたものです。

「日」のつく漢字には、日の光や時間、日数などに関係するものがあります。

漢字	主な読み方	習う学年
日	ニチ・ジツ ひ・か	①
早	ソウ はやい	①
明	メイ ミョウ あける	②
春	シュン はる	②
星	セイ ほし	②
昼	チュウ ひる	②
時	ジ とき	②
晴	セイ はれる	②
曜	ヨウ —	②
昔	(セキ) むかし	③
昭	ショウ —	③
暑	ショ あつい	③
暗	アン くらい	③
昨	サク —	④
景	ケイ —	④
旧	キュウ —	⑤
易	エキ・イ やさしい	⑤
暴	ボウ あばれる	⑤
映	エイ うつる	⑥
晩	バン —	⑥
暖	ダン あたたかい	⑥
暮	(ボ) くれる	⑥

※〇数字は習う学年

映

なりたち

「日(太陽)」と「央(大の字に立った人の頭の所に印をつけた字)」を合わせた字。太陽の光がさして明暗の境目がはえることを表す。

読み方

エイ
うつる
うつす
(はえる)

意味

・光や像が現れる
・反射する

9画

映 映 映 映 映 映 映 映 映

練習

つき出す↓
映
映

1 「映」を書きましょう。

□《えい》画《が》を見る。

美しい□《えい》像《ぞう》。

水に顔が□《うつ》る。

鏡に姿《すがた》を□《うつ》す。

2 読みがなを書きましょう。

映画を見る。（　　）

美しい映像。（　　）

水に顔が映る。（　　）

鏡に姿を映す。（　　）

晩

なりたち
「日（太陽）」と「免（苦しいことからやっとまぬかれる）」を合わせた字。一日の仕事からやっとまぬかれる夕方を表す。

12画

練習（はねる↑）

読み方
バン

意味
・夕方
・時期がおそい

❶ 「晩」を書きましょう。

□《ばん》の食事。

昨□《さくばん》。

毎□《まいばん》。

❷ 読みがなを書きましょう。

晩（　　）の食事。

毎晩（　　）の習慣。

昨晩（　　）のあらし。

暖

なりたち
「日（太陽）」と「爰（二つの手の間に物があって、ゆとりがある）」を合わせた字。日光がゆきわたってあたたかいことを表す。

13画

練習（←わすれずに）

読み方
ダン
あたたか
あたたかい
あたたまる
あたためる

意味
・あたたかい
・あたたまる

❶ 「暖」を書きましょう。

温□《おんだん》。

□《あたた》かい毛布。

部屋《へや》を□《あたた》める。

❷ 読みがなを書きましょう。

温暖（　　）な気候。

暖（　　）かい毛布。

部屋を暖（　　）める。

暮

なりたち
「莫（草原に太陽がしずむ様子）」と「日（ひ）」を合わせた字。太陽がしずんで見えなくなる、日がくれることを表す。

14画

練習

読み方
（ボ）
くれる
くらす

意味
・日がくれる
・年の終わり
・くらす

❶ 「暮」を書きましょう。

日が□《く》れる。

年の□《く》れ。

仲良く□《く》らす。

❷ 読みがなを書きましょう。

日が暮（　　）れる。

年の暮（　　）れ。

仲良く暮（　　）らす。

ドリル

1つ・5点

点

1 ――線の漢字の読みがなを書きましょう。

① 暖かい毛布。（　　）

② 水に顔が映る。（　　）

③ 毎晩の習慣。（　　）

④ 日が暮れる。（　　）

⑤ 映画を見る。（　　）

⑥ 晩の食事。（　　）

⑦ 仲良く暮らす。（　　）

⑧ 温暖な気候。（　　）

⑨ 部屋《へや》を暖める。（　　）

⑩ 美しい映像。（　　）

2 読みがなにあう漢字を書きましょう。

① □□（まいばん）の習慣。

② 美しい□□（えいぞう）。

③ □□（おんだん）な気候。

④ □（ばん）ご飯を食べる。

⑤ □□（さくばん）の台風。

⑥ 親子で［　　］（く）らす。

⑦ □□（えいが）館《かん》。

⑧ 部屋を［　　］（あたた）める。

⑨ 年の□（く）れ。

⑩ 鏡に姿《すがた》を［　　］（うつ）す。

まとめドリル

点

1つ・5点

1 読みがなにあう漢字を書きましょう。

① 木の［　］《つくえ》。

② ［　］《せい》比《くら》べ。

③ ［　］《はい》活量《かつりょう》。

④ 毎《まい》［　］《ばん》の習慣。

⑤ ［　］《い》の薬。

⑥ 一《いち》［　］《まい》の写真。

⑦ 満《まん》［　］《ぷく》になる。

⑧ 木の切《き》り［　］《かぶ》。

⑨ 大《だい》［　］《ちょう》のしくみ。

⑩ ［　］《むね》が苦しい。

2 読みがなにあう漢字を書きましょう。

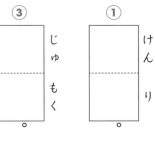

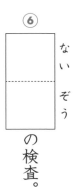

① ［　　］《けんり》。

② ［　　］《てつぼう》。

③ ［　　］《じゅもく》。

④ ［　　］《もけい》飛行機。

⑤ 人間の［　　］《ずのう》。

⑥ ［　　］《ないぞう》の検査。

3 次のことばを漢字と送りがなで〔　〕に書きましょう。

① 布を〔　　〕《そめる》。

② 部屋《へや》を〔　　〕《あたためる》。

③ 湖に〔　　〕《うつる》山。

④ 仲良く〔　　〕《くらす》。

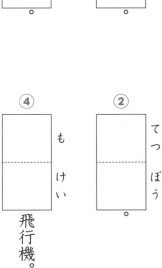

10 「宀《うかんむり》」のつく漢字

宅・宇・宙・宗・宝・宣・密

宀

なりたち

「宀《うかんむり》」は、いえの屋根の形をえがいたものです。
「宀」のつく漢字には、家の種類や様子に関係するものがあります。

※○数字は習う学年

漢字	学年	主な読み方
室	②	シツ (むろ)
家	②	カ・ケ いえ・や
安	③	アン やすい
守	③	シュ・ス まもる
実	③	ジツ み みのる
定	③	テイ ジョウ さだめる
客	③	キャク —
宮	③	キュウ みや
宿	③	シュク やど
寒	③	カン さむい
完	④	カン —
官	④	カン —
害	④	ガイ —
富	④	フ とむ
察	④	サツ —
容	⑤	ヨウ —
寄	⑤	キ よる
宇	⑥	ウ —
宅	⑥	タク —
宗	⑥	シュウ —
宙	⑥	チュウ —
宝	⑥	ホウ たから
宣	⑥	セン —
密	⑥	ミツ —

(穴→90ページ)
(窓→90ページ)

宅

読み方	意味
タク —	家《うち》

なりたち
「宀(やね)」と「乇(草が土の中に根をおろした様子)」を合わせた字。屋根の下に落ち着く所のこと、人が住む家の意味を表す。

6画
宅 宅宅宅宅宅宅

練習
宅 (はねる↑)
宅

1 「宅」を書きましょう。

住(じゅう)(たく)地《ち》。
自(じ)(たく)の住所。
帰(き)(たく)する。
(たく)地(ち)化《か》が進む。
(家が建つ土地への変化が進む)

2 読みがなを書きましょう。

駅前の住宅(　　)地。
自宅(　　)の住所。
学校から帰宅(　　)する。
宅地(　　)化が進む。

宇

なりたち
「宀（やね）」と「于（大きな広がり）」を合わせた字。大きなまるい屋根のような、大空におおわれた空間のことを表す。

6画
宇 宇 宇 宇 宇 宇

練習
宇（↑はねる）
宇

読み方
ウ

意味
・空間の広がり

1 「宇」を書きましょう。

□宙《うちゅう》。

□宙《うちゅう》船《せん》。

□宙《うちゅう》飛行士。

2 読みがなを書きましょう。

宇宙（　　）の神秘《しんぴ》。

宇宙（　　）船の模型《もけい》。

日本の宇宙（　　）飛行士。

宙

なりたち
「宀（やね）」と「由（つぼ）」を合わせた字。広い大空は、万物がわき出るつぼのようなものなので大空のことを表す。

8画
宙 宙 宙 宙 宙 宙 宙 宙

練習
宙（←つき出す）
宙

読み方
チュウ

意味
・空中

1 「宙」を書きましょう。

□《ちゅう》にうく。

□返《ちゅうがえ》り。

宇□《うちゅう》への旅。

2 読みがなを書きましょう。

宙（　　）にうく。

宙返（　　）りをする。

宇宙（　　）への旅。

宗

なりたち
「宀（やね）」と「示（神様に供《そな》える祭だん）」を合わせた字。先祖を祭る祭だんのある家のことから、一族の中心の家を表す。

8画
宗 宗 宗 宗 宗 宗 宗 宗

練習
宗（←長く）
宗

読み方
シュウ（ソウ）

意味
・神や仏の教え

1 「宗」を書きましょう。

□教《しゅうきょう》が広まる。

仏教の□派《しゅうは》。（仏教の中でさらに分かれたもの）

2 読みがなを書きましょう。

宗教（　　）が広まる。

仏教の宗派（　　）。

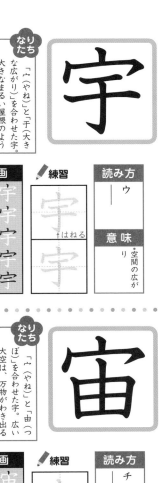

ドリル

点

1つ・5点

1 ――線の漢字の読みがなを書きましょう。

① 駅前の<u>住宅</u>地《ち》。（　　）

② <u>宇宙</u>への旅。（　　）

③ <u>宙</u>にうく。（　　）

④ <u>宗教</u>が広まる。（　　）

⑤ <u>自宅</u>の住所。（　　）

⑥ <u>宇宙</u>飛行士。（　　）

⑦ 仏教の<u>宗派</u>。（　　）

⑧ 学校から<u>帰宅</u>する。（　　）

⑨ <u>宅地</u>化《か》が進む。（　　）

⑩ <u>宙返</u>りをする。（　　）

2 読みがなにあう漢字を書きましょう。

① □□《うちゅう》の神《しん》秘《ぴ》。

② □□《きたく》する。

③ □《ちゅう》にうく。

④ □□《しゅうきょう》が伝わる。

⑤ □□《うちゅう》船《せん》。

⑥ □□《たくち》化が進む。

⑦ 仏教の□□《しゅうは》。

⑧ □□《じたく》の住所。

⑨ □□《じゅうたく》地。

⑩ □□《ちゅうがえ》りをする。

宝

なりたち
もとの字は「寶」。「宀（やね）」と「王（玉）」と「缶（うつわ）」と「貝（お金）」を合わせた字。家の中に大切にしまっておくたからものを表す。

読み方
ホウ
たから

意味
●かちのあるもの、大切なもの

8画
宝宝宝宝宝宝宝宝

練習
宝（わすれずに）
宝

❶ 「宝」を書きましょう。

年末の□《たから》くじ。

弟の□《たから》物《もの》。

きれいな□《ほう》石《せき》。

□《こく》国《ほう》の建物。
（国が特にかちが高いとして保護している建物）

❷ 読みがなを書きましょう。

年末の宝くじ。（　　）

弟の宝物。（　　）

きれいな宝石。（　　）

国宝の建物。（　　）

数のつく四字の熟語《じゅくご》

漢字四字でできた熟語《じゅくご》の中には、「一石二鳥《いっせきにちょう》」のように、「一」や「二」の数字が使われるものがあります。

◎一石二鳥
▼一つのことをして、同時に二つの利益を得ること。

◎一長一短《いっちょういったん》
▼よいところと悪いところの両方あること。

◎一挙両得《いっきょりょうとく》
▼「一石二鳥」と同じ意味。

◎四苦八苦《しくはっく》
▼思うようにいかなくて、ひどく苦しむこと。

◎十人十色《じゅうにんといろ》
▼考えや好みなどは、みなそれぞれちがうということ。

◎百発百中《ひゃっぱつひゃくちゅう》
▼予想などが、みな思いどおりになること。

ほかにも、どんなものがあるか、さがしてみよう。

宣

なりたち 「宀（いえ）」と「亘（とりまくかき根）」を合わせた字。かき根でとりまいた宮でんのこと。後に、全体にゆきわたらせるようにのべる意味になった。

読み方	
—	セン
意味	・すみずみまで知らせる ・告げる

9画 宀 宀 宀 宁 宣 宣 宣 宣 宣

練習 宣 宣（長く）

1 「宣」を書きましょう。

新製品の［　］伝《せんでん》。

つゆ明け［　］言《せんげん》。

無罪の［　］告《せんこく》。（無罪の判決を言いわたすこと）

選手［　］《せん》誓《せい》。（選手がちかいのことばを述べること）

2 読みがなを書きましょう。

新製品の宣伝。（　　）

つゆ明け宣言。（　　）

無罪の宣告。（　　）

大会の選手宣誓《せい》。（　　）

密

なりたち 「宀（いえ）」と「必（木をしめつける）」と「山（やま）」を合わせた字。もとは、深い山のこと。後に、すきまなくしめて、つまっていることを表す。

読み方	
—	ミツ
意味	・ひそか ・細かい ・ぎっしりつまる

11画 宀 宀 宀 宓 宓 宓 宓 宓 密 密 密

練習 密 密（はねる）

1 「密」を書きましょう。

秘［　］《ひみつ》の話。

精［　］《せいみつ》機械。

人口《じんこう》［　］度《みつど》。（一定の広さの土地に住んでいる人の数のわりあい）

親［　］《しんみつ》な間がら。

2 読みがなを書きましょう。

秘密の話。（　　）

精密機械の生産。（　　）

市の人口密度。（　　）

親密な間がら。（　　）

ドリル

1つ・5点

点

❶ ——線の漢字の読みがなを書きましょう。

① 新製品の宣伝。（　　）
② きれいな宝石。（　　）
③ 年末の宝くじ。（　　）
④ 秘密の話。（　　）
⑤ 人口密度が高い。（　　）
⑥ つゆ明け宣言。（　　）
⑦ 無罪の宣告。（　　）
⑧ 国宝の美術品。（　　）
⑨ 精密機械。（　　）
⑩ 選手宣誓《せい》。（　　）

❷ 読みがなにあう漢字を書きましょう。

① □□（ひみつ）の話。
② □□（たからもの）。
③ 開会□□（せんげん）。
④ □□（せいみつ）機械。
⑤ □□（ほうせき）箱《ばこ》。
⑥ 商品の□□（せんでん）。
⑦ 人口□□（みつど）。
⑧ □□（こくほう）の仏像。
⑨ 選手□（せん）誓《せい》。
⑩ □□（しんみつ）な間がら。

11 「口」《くち・くちへん》のつく漢字

善・后・否・呼・吸

口

なりたち

「口」《くち・くちへん》は、人のくちの形をえがいたものです。
「口」のつく漢字には、口やことばに関係するものがあります。

※○数字は習う学年

漢字	学年	主な読み方
口	①	コウ・ク　くち
右	①	ウ・ユウ　みぎ
名	①	メイ・ミョウ　な
古	②	コ　ふるい
台	②	ダイ・タイ　―
合	②	ゴウ・ガッ・カッ　あう
同	②	ドウ　おなじ
号	③	ゴウ　―
向	③	コウ　むく
君	③	クン　きみ
味	③	ミ　あじ
命	③	メイ　いのち
和	③	ワ　（やわらぐ）
品	③	ヒン　しな
員	③	イン　―
商	③	ショウ　（あきなう）
問	③	モン　とう　とん
司	④	シ　―
各	④	カク　（おのおの）
周	④	シュウ　まわり
唱	④	ショウ　となえる
器	④	キ　（うつわ）
可	⑤	カ　―
句	⑤	ク　―
史	⑤	シ　―
告	⑤	コク　つげる
喜	⑤	キ　よろこぶ
吸	⑥	キュウ　すう
后	⑥	コウ　―
否	⑥	ヒ　（いな）
呼	⑥	コ　よぶ
善	⑥	ゼン　よい

善

読み方
ゼン
よい

意味
・正しい
・よくする

なりたち
「羊（形の美しいひつじの頭）」と「言（はっきり話すことば）」を合わせた字。どちらも、みごとでよいことから、よいという意味を表す。

12画
善 善 善 善 善 善 善 善 善 善 善 善

練習
善（長く）
善

1 「善」を書きましょう。

□《よ》い行い。（正しくりっぱな行い）

□《ぜん》意《い》のことば。

体質の改《かい》□《ぜん》。

□《ぜん》悪《あく》の区別。

2 読みがなを書きましょう。

善（　）い行い。

善意（　）のことば。

体質の改善（　）。

善悪（　）の区別。

后

なりたち
「𠂆（ひと）」と「口（おしりのあな）」を合わせた字で後ろの意味。後に、宮でんのおくに住む人、き・さき・の意味になった。

読み方	意味
コウ	・天のうの妻、きさき

6画　后后后后后后

練習　后　后（長く）

1「后」を書きましょう。

天皇《てんのう》と［こう］［ごう］。（皇）

［こう］［たい］［ごう］。（皇・太）
（前の代の皇ごう）

2 読みがなを書きましょう。

天皇と皇后。（　　）

皇太后がおみえになる。（　　）

否

なりたち
「不（つぼみ）」と「口（くち）」を合わせた字。口をつぼみのようにふくらませ、「プッ」と言って、打ち消す様子を表した字。

読み方	意味
ヒ （いな）	・～ではない ・反対の意味を表すことば

7画　否否否否否否否

練習　否（とめる）　否

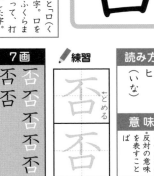

1「否」を書きましょう。

［ひ］［てい］。（定）

［ごう］［ひ］。（合）
（合格か不合格かということ）

［あん］［ぴ］を気づかう。（安）
（無事であるかどうかを気づかう）

2 読みがなを書きましょう。

強く否定する。（　　）　試験の合否。（　　）

安否を気づかう。（　　）

特別な読み方をすることば①

「今日」を「きょう」、「明日」を「あす」と読むことがあります。それぞれの漢字の音訓には、そのような音訓はありませんが、一つのことばとして特別な読み方をするのです。ここでは、小学校で習うものを取り上げています。

明日《あす》
母《かあ》さん
父《とう》さん
大人《おとな》
河原《かわら》
川原《かわら》
昨日《きのう》

今日《きょう》
果物《くだもの》
今朝《けさ》
景色《けしき》

今年《ことし》
清水《しみず》
上手《じょうず》
七夕《たなばた》

呼

なりたち
「口（くち）」と「乎（はいた息が流れる様子）」を合わせた字。もとは、息をはく意味だったが、後に、声をかけてよぶ意味になった。

読み方	意味
コ よぶ	・よぶ ・招く ・息をはく

8画

練習（はねる）

❶ 「呼」を書きましょう。

助けを□《よ》ぶ。

友達《ともだち》を家に□《よ》ぶ。

肺《はい》で□《こ》吸《きゅう》する。

点《てん》□《こ》をとる。

（一人一人の名前をよんで調べる）

❷ 読みがなを書きましょう。

助けを呼ぶ。（　）

友達を家に呼ぶ。（　）

肺で呼吸する。（　）

点呼をとる。（　）

吸

なりたち
「口（くち）」と「及（にげる人の背中《せなか》に手をのばす）」を合わせた字。口が物にとどいて、すいつくことを表す。

読み方	意味
キュウ すう	・すいこむ ・取り入れる

6画

練習（はらう）

❶ 「吸」を書きましょう。

水を□《す》い取《と》る。

空気を□《す》う。

□《きゅう》収《しゅう》する。

深《しん》呼《こ》□《きゅう》。

❷ 読みがなを書きましょう。

水を吸い取る。（　）

空気を吸う。（　）

知識を吸収する。（　）

深呼吸をする。（　）

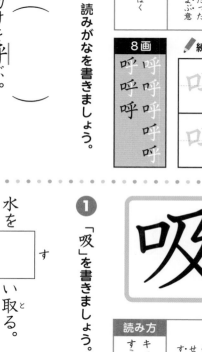

ドリル

1つ・5点　点

❶ ――線の漢字の読みがなを書きましょう。

① 友達《ともだち》を家に呼ぶ。（　　）

② 水を吸い取《と》る。（　　）

③ 強く否定する。（　　）

④ 善い行い。（　　）

⑤ 天皇《てんのう》と皇后。（　　）

⑥ 点呼をとる。（　　）

⑦ 善意のことば。（　　）

⑧ 深呼吸をする。（　　）

⑨ 知識を吸収する。（　　）

⑩ 安否を気づかう。（　　）

❷ 読みがなにあう漢字を書きましょう。

① （こ きゅう）する。

② （ぜん あく）の区別。

③ 体質の（かい ぜん）。

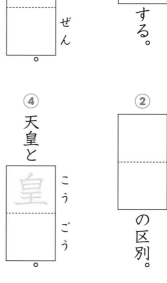

④ 天皇と（こう ごう）。

⑤ 試験の（ごう ひ）。

⑥ （よ）い行い。（正しくりっぱな行い）

⑦ （きゅう しゅう）力《りょく》。

⑧ 助けを（よ）ぶ。

⑨ 強い（ひ てい）。

⑩ 空気を（す）う。

12 「艹《くさかんむり》」のつく漢字

若・著・蒸・蔵

艹

なりたち

「艹《くさかんむり》」は、くさが並《なら》んで生えている様子をえがいた形です。

「艹」のつく漢字には、草や植物に関係するものが多くあります。

※○数字は習う学年

漢字	主な読み方
花 ①	カ　はな
草 ①	ソウ　くさ
茶 ②	チャ　―
苦 ③	ク　くるしい　にがい
荷 ③	(カ)　に
葉 ③	ヨウ　は
落 ③	ラク　おちる
薬 ③	ヤク　くすり
芸 ④	ゲイ　―
英 ④	エイ　―
芽 ④	ガ　め
茨 ④	―　いばら
菜 ④	サイ　な
若 ⑥	(ジャク)　わかい
著 ⑥	チョ　(あらわす)
蒸 ⑥	ジョウ　(むす)
蔵 ⑥	ゾウ　(くら)

(臓→51ページ)
(暮→57ページ)
(幕→142ページ)

若

なりたち
かみの毛をとかしている、しなやかな女の人をえがいた字。後に、「口(くち)」がついて、しなやかでわかいという意味になった。

読み方
(ジャク)
(ニャク)
わかい
(もしくは)

意味
・年をとっていない

8画
若 若 若 若 若 若 若 若

練習
若（長く）
若

❶ 「若」を書きましょう。

わか[ ]い人々《ひとびと》。

わかもの [ ]者のことば。

美しい わかば [ ]葉。

わかて [ ]手の作家。

❷ 読みがなを書きましょう。

若( )い人々の歌声。

若者( )のことば。

美しい若葉( )。

若手( )の作家。

著

なりたち
「艹（植物）」と「者（まきをまとめて燃やす）」を合わせた字。いろいろなことをまとめて、竹や木に文章を書くことを表す。

読み方
チョ
（あらわす）
（いちじるしい）

意味
・本を書く
・目立つ

11画
著 著 著 著 著 著 著 著 著 著 著

練習
著 著（つき出す）

1 「著」を書きましょう。

ちょしゃ
□者。

ちょしょ
□書。（その人が書いた本）

ちょめい
□名な作曲家。（よく名前が知られている作曲家）

2 読みがなを書きましょう。

本の著者。（　　）
学者の著書。（　　）
著名な作曲家。（　　）

蒸

なりたち
「艹（くさ）」と「烝（熱気が立ちのぼる）」を合わせた字。草がさかんにのびて、熱気が立ちこめることから、ものをむす意味を表す。

読み方
ジョウ
（むす）
（むれる）
（むらす）

意味
・水が気体になる
・ゆげを当てて熱する

13画
蒸 蒸 蒸 蒸 蒸 蒸 蒸 蒸 蒸 蒸 蒸 蒸 蒸

練習
蒸 蒸（わすれずに）

1 「蒸」を書きましょう。

じょうき
□気。

じょうはつ
□発。

すいじょうき
水□気。（水がじょう発して気体になったもの）

2 読みがなを書きましょう。

蒸気機関車。（　　）
水分の蒸発。（　　）
ふろ場の水蒸気。（　　）

蔵

なりたち
「艹（くさ。作物）」と「臧（しまいこむ）」を合わせた字。大切な作物をきちんとしまいこんでおく建物のくらを表す。

読み方
ゾウ
（くら）

意味
・物をしまう建物
・しまいこむ

15画
蔵 蔵 蔵 蔵 蔵 蔵 蔵 蔵 蔵 蔵 蔵 蔵 蔵 蔵 蔵

練習
蔵 蔵（わすれずに）

1 「蔵」を書きましょう。

どぞう
土□。

ちょぞう
貯□。（物をたくわえること）

れいぞうこ
冷□庫。

2 読みがなを書きましょう。

古い土蔵。（　　）
食料の貯蔵。（　　）
冷蔵庫で冷やす。（　　）

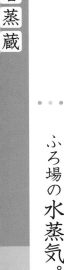

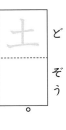

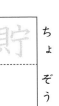

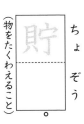

ドリル

点

1つ・5点

1 ——線の漢字の読みがなを書きましょう。

① **蒸気**機関車。（　　）

② 本の**著者**。（　　）

③ 食料の**貯蔵**。（　　）

④ **若者**のグループ。（　　）

⑤ **著名**な作曲家。（　　）

⑥ 水分の**蒸発**。（　　）

⑦ **若手**の作家。（　　）

⑧ **冷蔵庫**で冷やす。（　　）

⑨ ふろ場の**水蒸気**。（　　）

⑩ 学者の**著書**。（　　）

2 読みがなにあう漢字を書きましょう。

① 美しい［　　］《わかば》。

② 水分の［　　］《じょうはつ》。

③ ［　　　］《れいぞうこ》。

④ ［　　］《ちょめい》な作家。

⑤ ［　　］《じょうき》機関車。

⑥ 食料の［　　］《ちょぞう》。

⑦ 本の［　　］《ちょしゃ》。

⑧ ［　　　］《すいじょうき》。

⑨ 古い［　　］《どぞう》。

⑩ ［　］《わか》い人々。

まとめドリル

点

1つ・5点

1 読みがなにあう漢字を書きましょう。

① ぼくの□《たから》物《もの》。

② □《ひ》定《てい》する。

③ 本の□《ちょ》者《しゃ》。

④ 開会□《せん》言《げん》。

⑤ 冷《れい》□《ぞう》庫《こ》。

⑥ □《ちゅう》返《がえ》り。

⑦ □《わか》者《もの》のことば。

⑧ 水《すい》□《じょう》気《き》。

⑨ 人口□《みつ》度《ど》。

⑩ 天皇《てんのう》と皇《こう》□《ごう》。

2 読みがなにあう漢字を書きましょう。

① □□《じゅうたく》。

② 深《しん》□□《こきゅう》。

③ □□《うちゅう》飛行士。

④ □□《ぜんあく》の区別。

⑤ □□《しゅうきょう》団体。

⑥ □□《ひみつ》を守る。

3 次のことばを漢字と送りがなで〔　〕に書きましょう。

① 〔　〕《よい》行い。

② 名前を〔　〕《よぶ》。

③ 〔　〕《わかい》母親。

④ 息を〔　〕《すう》。

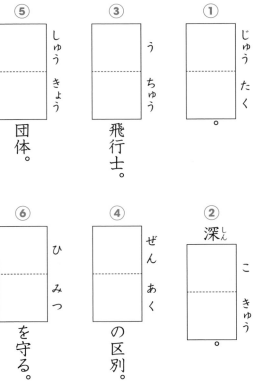

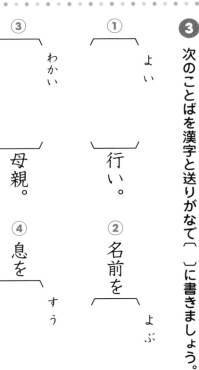

13 「寸《すん》」のつく漢字

寸・専・射・将・尊

寸

なりたち

「寸《すん》」は、手首の近くに「一」の印をつけた手を表した字で、手の指一本のはばを表します。

昔、中国では、この指一本の太さを一寸(二・二五センチメートル)としていました。日本では、約三センチメートルを一寸と定めました。

このように、「寸」は長さの単位でしたが、現在ではあまり使われず、「わずか」という意味で使われています。

※○数字は習う学年

漢字	寺②	対③	導⑤	寸⑥	専⑥	射⑥	将⑥	尊⑥
主な読み方	ジ てら	タイ ―	ドウ みちびく	スン ―	セン (もっぱら)	シャ いる	ショウ ―	ソン たっとい とうとい

寸

なりたち 手首のところに、「一」の印をつけた字。指一本のはばで「一寸」という長さの単位を表した。その長さが短かったので、わずかの意味も表す。

読み方 スン ―

意味
- 物の長さ
- 昔の長さの単位
- わずか

3画 寸 寸 寸

練習 寸 寸 はねる

1 「寸」を書きましょう。

服の［すんぽう 法］。

［いっすん 一］ぼうしの話。

発車［すんぜん 前］。

［すんぶん 分］ちがわない。（ほんの少しもちがわない）

2 読みがなを書きましょう。

服の寸法が合う。（　）

一寸ぼうしの話。（　）

発車寸前の電車。（　）

寸分ちがわない。（　）

※「すんぷん」とも読む。

専

なりたち
手で糸をよっている様子をえがいた字。何本もの糸をより合わせ一つにまとめる意味から、それだけひと筋《すじ》にものごとをするという意味を表す。

読み方
セン
（もっぱら）

意味
•そのことだけを行う
•ひとりじめにする

9画
専 専 専 専 専 専 専 専 専

練習
専（長く）
専

1 「専」を書きましょう。

［　門］《せんもん》家《か》。

［　用］《せんよう》の道路。

［　業］《せんぎょう》農家。
（農業の仕事だけをしている家）

［　念］《せんねん》する。
（あることに集中する）

2 読みがなを書きましょう。

専門家の意見。（　　）

自転車専用の道路。（　　）

米作りの専業農家。（　　）

勉強に専念する。（　　）

射

なりたち
「身（弓に矢をつがえている姿《すがた》）」と「寸（て）」を合わせた字。弓に矢をつがえて、手でぐっと矢をいることを表す。

読み方
シャ
いる

意味
•矢を放つ
•光などを勢いよく出す

10画
射 射 射 射 射 射 射 射 射 射

練習
射（つき出す）
射

1 「射」を書きましょう。

予防［注　］《ちゅうしゃ》。

光が［反　］《はんしゃ》する。

弓で矢を［　］《い》る。

ロケットのふん［　］《しゃ》。

2 読みがなを書きましょう。

かぜの予防注射。（　　）

光が鏡で反射する。（　　）

弓で矢を射る。（　　）

ロケットのふん射。（　　）

将

なりたち
もとの字は「將」。「爿(台)」と「夕(にく)」と「寸(て)」を合わせた字。台の上に肉をのせて神様に供《そな》えた者が、一族の長なので、統率者を表す。

読み方
ショウ
—

意味
・率いる人
・これから先のこと

10画
将 将 将 将 将 将 将 将 将 将

練習
将（右から）
将

❶「将」を書きましょう。

幕府《ばくふ》の［　］軍《しょう ぐん》。
戦国の武［　］《ぶ しょう》。
野球部の主［　］《しゅ しょう》。
［　］来《しょう らい》の希望。

❷読みがなを書きましょう。

江戸《えど》幕府の将軍。（　　　）
戦国時代の武将。（　　　）
野球部の主将。（　　　）
将来の希望。（　　　）

尊

なりたち
「酋(よい酒の入ったつぼ)」と「寸(て)」を合わせた字。人が大切にあつかう、よい酒の入ったつぼのことから、大切にする、とうとぶの意味を表す。

読み方
ソン
たっとい
とうとい
たっとぶ
とうとぶ

意味
・ねうちがある
・うやまう

12画
尊 尊 尊 尊 尊 尊 尊 尊 尊 尊 尊 尊

練習
尊（長く）
尊

❶「尊」を書きましょう。

［　］敬《そん けい》する人。
［　］重《そん ちょう》する。
［　］《とうと》い教え。
人の命を［　］《とうと》ぶ。

❷読みがなを書きましょう。

私《わたくし》が尊敬する人。（　　　）
人命を尊重する。（　　　）
尊い教え。（　　　）
※「たっとい」とも読む。
人の命を尊ぶ。（　　　）
※「たっとぶ」とも読む。

ドリル

1つ・5点
点

❶ ──線の漢字の読みがなを書きましょう。

① 一寸ぼうしの話。（　　）
② 野球部の主将。（　　）
③ 子供《こども》専用プール。（　　）
④ 的を射る。（　　）
⑤ 人命を尊重する。（　　）
⑥ 寸分ちがわない。（　　）
⑦ 戦国時代の武将。（　　）
⑧ 人の命を尊ぶ。（　　）
⑨ 光が反射する。（　　）
⑩ 仕事に専念する。（　　）

❷ 読みがなにあう漢字を書きましょう。

① せんもん［　　］家《か》。
② そんけい［　敬］する人。
③ 発車すんぜん［　　］。
④ しょうらい［　　］の希望。
⑤ せんぎょう［　　］農家。
⑥ 服のすんぽう［　　］。
⑦ 予防ちゅうしゃ［　　］。
⑧ とうと［　］い人の命。
⑨ しょうぐん［　　］。
⑩ 弓で矢をい［　］る。

14 「竹《たけ》・⺮《たけかんむり》」のつく漢字

筋・策・箇

竹

なりたち

「竹《たけ》(⺮《たけかんむり》)」は、二本のたけが生えている様子をえがいた形です。

「⺮」のつく漢字には、竹でつくったものや、竹の性質に関係するものが多くあります。

※○数字は習う学年

漢字	主な読み方
竹①	チク たけ
答②	トウ こたえる
算②	サン ―
第③	ダイ ―
笛③	テキ ふえ
等③	トウ ひとしい
筆③	ヒツ ふで
箱③	― はこ
笑④	(ショウ) わらう
節④	セツ ふし
管④	カン くだ
築⑤	チク きずく
筋⑥	キン すじ
策⑥	サク ―
箇⑥	カン ―

筋

なりたち

「竹(しなやかなたけ)」と「肋(すじばったあばら骨《ぼね》)」を合わせた字。のび縮《ちぢ》みするじょうぶな、体のすじ、きんにくを表す。

読み方

キン

すじ

意味

- 体のすじ
- 細長いひも
- ものごとのすじ

12画

筋 筋 筋 筋 筋 筋 筋 筋 筋 筋 筋 筋

練習

筋 はねる

筋

1 「筋」を書きましょう。

うでの□《きん》肉《にく》。

鉄《てっ》□《きん》のビル。

ひと□《すじ》のなみだ。

□《すじ》道《みち》を立てる。

2 読みがなを書きましょう。

うでの筋肉。（　　）

鉄筋のビル。（　　）

ひと筋のなみだ。（　　）

筋道を立てて話す。（　　）

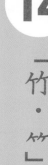

策

なりたち
「竹(たけ)」と「朿(とげ)」を合わせた字。もとは、とげがさすような痛《いた》みをあたえる、竹のむちのこと。後に、竹で作った札のことになった。

読み方
サク

意味
・はかりごと

12画
策 策 策 策 策 策 策 策 策 策 策 策

練習
策 策（はねる）

1 「策」を書きましょう。

さく［　］を練る。

災害の たい さく［対　］。

敵《てき》の さく りゃく［　略］。

政府の せい さく［政　］。

2 読みがなを書きましょう。

策（　　）を練る。

災害の対策（　　）。

敵の策略（　　）にはまる。

政府の政策（　　）。

簡

なりたち
「竹(たけ)」と「間(あいだ)」を合わせた字。一枚《まい》ずつ間をあけてとじた竹の札のことから、字を書いた竹の札のこと。今は手紙のことも表す。

読み方
カン

意味
・手軽な、おおまかな
・手紙

18画
簡 簡 簡 簡 簡 簡 簡 簡 簡 簡 簡 簡

練習
簡 簡（はねる）

1 「簡」を書きましょう。

かん たん［　単］な問題。

かん けつ［　潔］な文章。

かん そ［　素］な生活。（かん単でかざり気がない生活）

かん りゃく［　略］な地図。（細かいことを略したかん単な地図）

2 読みがなを書きましょう。

簡単（　　）な問題。

簡潔（　　）な文章。

簡素（　　）な生活。

簡略（　　）な地図。

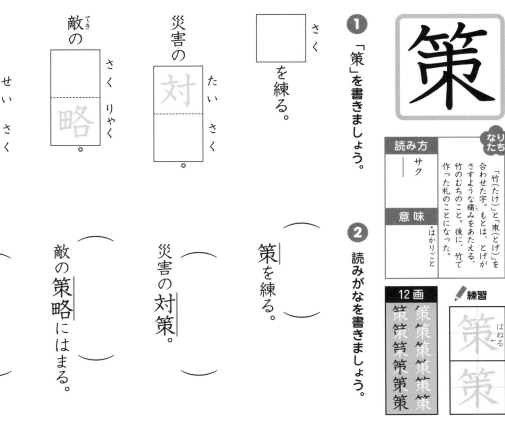

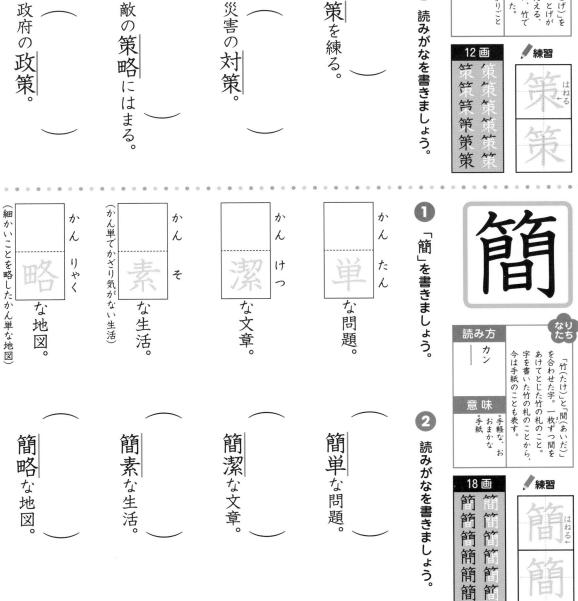

15 「子《こ》・孑《こへん》」のつく漢字

存・孝

子

なりたち

「子（孑《こへん》）」は、両手を広げた赤ちゃんの姿《すがた》をえがいた形です。

「子」のつく漢字には、子《こ》供《ども》に関係するものがあります。

※○数字は習う学年

漢字	主な読み方
子①	シ・ス　こ
字①	ジ（あざ）
学①	ガク　まなぶ
季④	キ
孫④	ソン　まご
存⑥	ソン・ゾン
孝⑥	コウ

存

なりたち
「存（川の水をとどめる）」と「子（こども）」を合わせた字。子供《こども》を大切に守ることから、だいじに保つ意味を表す。

6画　存

練習　少しつき出す

読み方　ソン　ゾン

意味
・ある
・生きている
・保つ

1 「存」を書きましょう。

そんざい［　］在。

ほぞん　保［　］。

2 読みがなを書きましょう。

宇宙人《うちゅうじん》の存在。（　　　）

大切な資料を保存する。（　　　）

孝

なりたち
「耂（こしの曲がった老人）」と「子（こども）」を合わせた字。老人のそばにいて、いたわっている様子を表す。

7画　孝

練習　つき出す

読み方　コウ

意味
・父母を大切にすること

1 「孝」を書きましょう。

親《おや》こうこう［　］行。

親《おや》ふこう　不［　］。

2 読みがなを書きましょう。

親孝行なむすめ。（　　　）

親不孝をしない。（　　　）

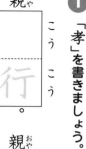

ドリル

点
1つ・5点

1 ——線の漢字の読みがなを書きましょう。

① うでの筋肉。（　　）
② 親孝行な子供《こども》。（　　）
③ 政府の政策。（　　）
④ 簡潔な文章。（　　）
⑤ 親不孝をしない。（　　）
⑥ 宇宙人《うちゅうじん》の存在。（　　）
⑦ 簡略な地図。（　　）
⑧ ひと筋のなみだ。（　　）
⑨ 資料を保存する。（　　）
⑩ 敵《てき》の策略。（　　）

2 読みがなにあう漢字を書きましょう。

① □□（かんたん）な問題。
② □□（てっきん）の校舎。
③ □□（こうこう）むすこ。
④ 地しん□□（たいさく）。
⑤ 資料の□□（ほぞん）。
⑥ □□（かんそ）な生活。
⑦ □□（すじみち）。
⑧ □□（そんざい）感《かん》のある人。
⑨ □（さく）を練る。
⑩ □□□（おやふこう）をしない。

16 「心《こころ》・忄《りっしんべん》」のつく漢字

忘・忠・憲・恩

心

なりたち

「心《こころ》」は、しんぞうの形をえがいたものです。また、「忄《りっしんべん》」は、「心」の変化した形です。

「心」や「忄」のつく漢字には、心や心のはたらきに関係するものが多くあります。

※○数字は習う学年

漢字	心②	思②	急③	息③	悪③	悲③	意③	感③	想③	必④	念④
主な読み方	シン こころ	シ おもう	キュウ いそぐ	ソク いき	アク わるい	ヒ かなしい	イ ―	カン ―	ソウ ―	ヒツ かならず	ネン ―

	愛④	応⑤	快⑤	志⑤	性⑤	情⑤	慣⑤	態⑤	忘⑥	忠⑥	恩⑥	憲⑥
	アイ ―	オウ こたえる	カイ こころよい	シ こころざす	セイ ―	ジョウ なさけ	カン なれる	タイ ―	（ボウ） わすれる	チュウ ―	オン ―	ケン ―

忘

なりたち

「亡（ものがなくなる）」と「心（こころ）」を合わせた字。心の中にあったものが見えなくなることから、わすれる意味を表す。

読み方

（ボウ）

わすれる

意味

・覚えていたことが心から消える

7画

忘忘忘忘忘忘忘

練習

ひと筆で

1 「忘」を書きましょう。

かさを□《わす》れる。

□《わす》れ物《もの》をする。

題名を度《ど》□《わす》れする。

我《われ》を□《わす》れる。（夢中になる）

2 読みがなを書きましょう。

かさを忘れる。（　　）

忘れ物をする。（　　）

題名を度忘れする。（　　）

ゲームに我を忘れる。（　　）

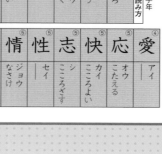

忠

なりたち
「中(真ん中)」と「心(こころ)」を合わせた字。大切なことがつまっている心の中のことから、まごころの意味を表す。

読み方
チュウ

意味
・まごころ
・心からつくす

練習
忠 忠

8画

1 「忠」を書きましょう。

□告《ちゅうこく》。　□実《ちゅうじつ》。

□誠《ちゅうせい》をちかう。(真心をもって仕えることをちかう)

2 読みがなを書きましょう。

友人の忠告。(　　)
忠実な犬。(　　)
忠誠をちかう。(　　)

憲

なりたち
「𡨄(頭の上にかぶせて勝手なことをおさえる)」と「心(こころ)」を合わせた字。勝手な動きをおさえる、おきてを表す。

読み方
ケン

意味
・基本となるきまり

練習
憲 憲
「四」としない

16画

1 「憲」を書きましょう。

□法《けんぽう》。　□章《けんしょう》。(国や世界が、理想として定めたきまり)

□法《けんぽう》記念日。

2 読みがなを書きましょう。

日本国憲法。(　　)
児童憲章。(　　)
五月三日の憲法記念日。(　　)

恩

なりたち
「因(ふとんの上に大の字にねる)」と「心(こころ)」を合わせ、心の中にありがたいという気持ちがのりかかる、人から受けたおんのことを表す。

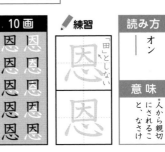

読み方
オン

意味
・人から親切にされること、なさけ

練習
恩 恩
「田」としない

10画

1 「恩」を書きましょう。

親の□《おん》。　命の□人《おんじん》。

□師《おんし》に会う。(教えを受け、世話になった先生に会う。)

2 読みがなを書きましょう。

親の恩。(　　)
命の恩人。(　　)
恩師に会う。(　　)

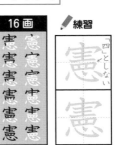

17 「土《つち》・土《つちへん》」のつく漢字

垂・域

土

なりたち

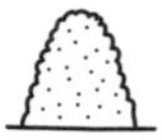

↓ 土 ↓ 土

「土《つち》（土《つちへん》）」は、高く盛《も》り上がっているつちの様子をえがいた形です。

「土」のつく漢字には、土や土地の様子に関係するものがあります。

※○数字は習う学年

漢字	主な読み方
土①	ド・ト つち
地②	チ・ジ
場②	ジョウ ば
坂③	（ハン） さか
城④	ジョウ しろ
埼④	さい
塩④	エン しお
圧⑤	アツ
在⑤	ザイ ある
均⑤	キン
型⑤	ケイ かた
基⑤	キ （もと）
堂⑤	ドウ
報⑤	ホウ （むくいる）
墓⑤	ボ はか
境⑤	キョウ さかい
増⑤	ゾウ ます ふえる
垂⑥	スイ たれる
域⑥	イキ

垂

なりたち

「垂（いねのほがたれた形）」と「土（つち）」を合わせた字。実ったいねのほが、その重みでたれさがっている様子を表す。

読み方

スイ
たれる
たらす

意味

・だらりとさがる、ぶら下げる

8画

垂 垂 垂 垂 垂 垂 垂 垂

練習

垂 垂（長く）

1 「垂」を書きましょう。

□《すい》直《ちょく》な線。

けん□《すい》をする。

ひもを□《た》らす。

しずくが□《た》れる。

2 読みがなを書きましょう。

垂直な線を引く。（　　）

鉄棒《てつぼう》でけん垂をする。（　　）

ひもを垂らす。（　　）

しずくが垂れる。（　　）

域

なりたち
「土（つち）」と「或（場所を四角く区切って武器で守ること）」を合わせた字。区切った土地のことを表す。

読み方	意味
イキ	・限られた場所やはん囲

11画

練習（はらう）

1 「域」を書きましょう。

地《ち》□《いき》の代表。

通学の区《く》□《いき》。

研究の領《りょう》□《いき》。
（研究と関係のあるはん囲）

川の流《りゅう》□《いき》。
（川の流れにそった土地）

2 読みがなを書きましょう。

地域の代表。（　　）

通学の区域。（　　）

研究の領域。（　　）

川の流域。（　　）

特別な読み方をすることば②

67ページの続きです。

一日《ついたち》
手伝《てつだ》う
時計《とけい》
友達《ともだち》
兄《にい》さん
姉《ねえ》さん

博士《はかせ》
二十日《はつか》
一人《ひとり》
二人《ふたり》
二日《ふつか》
下手《へた》

部屋《へや》
迷子《まいご》
真面目《まじめ》
真《ま》っ赤《か》
真《ま》っ青《さお》
眼鏡《めがね》
八百屋《やおや》

それぞれの漢字の音訓にはない読み方です。「一日《いちにち》」や「博士《はくし》」のように、特別な読み方以外にも読めるものもあります。しかし、「時計《じけい》」や「部《ぶ》屋《や》」のように、おかしな読み方にならないように注意しましょう。

ドリル

点

1つ・5点

1 ――線の漢字の読みがなを書きましょう。

① 忘れ物をする。（　　）

② しずくが垂れる。（　　）

③ 恩返しをする。（　　）

④ 通学の区域。（　　）

⑤ 憲法記念日。（　　）

⑥ 基本を忠実に守る。（　　）

⑦ 学問の領域。（　　）

⑧ 恩師の家。（　　）

⑨ けん垂をする。（　　）

⑩ 児童憲章。（　　）

2 読みがなにあう漢字を書きましょう。

① 親の［　］《おん》。

② ［　　］《ちいき》の代表。

③ 日本国［　　］《けんぽう》。

④ 友人の［　　］《ちゅうこく》。

⑤ 川の［　　］《りゅういき》。

⑥ 児童［　　］《けんしょう》。

⑦ ［　　］《すいちょく》な線《せん》。

⑧ かさを［　］《わす》れる。

⑨ 命の［　　］《おんじん》。

⑩ ひもを［　］《た》らす。

まとめドリル

点

1つ・5点

1 読みがなにあう漢字を書きましょう。

① 親の□《おん》。

② □《すん》法《ぽう》を計る。

③ 足の□《きん》肉《にく》。

④ □《すい》直《ちょく》な直線。

⑤ □《せん》念《ねん》する。

⑥ 主人に□《ちゅう》実《じつ》な犬。

⑦ 光が反《はん》□《しゃ》する。

⑧ 地《ち》□《いき》の人々。

⑨ 日本国□《けん》法《ぽう》。

⑩ 政府の政《せい》□《さく》。

2 読みがなにあう漢字を書きましょう。

① □□《そんざい》感《かん》。

② 親《おや》□□《こうこう》。

③ □□《せんもん》家《か》。

④ □□《しょうらい》の希望。

⑤ □□《そんちょう》する。

⑥ □□《かんたん》な問題。

3 次のことばを漢字と送りがなで〔　〕に書きましょう。

① 水を〔　〕《たらす》。

② 漢字を〔　〕《わすれる》。

③ 矢を〔　〕《いる》。

④ 命を〔　〕《とうとぶ》。

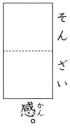

18 「尸《しかばね》」のつく漢字

展・尺・届・層

尸

なりたち

⺈ → 尸

「尸《しかばね》」は、かたくなった人間の体が横たわっている姿《すがた》をえがいた形です。「尸」のつく漢字には、人体やおしりに関係するものがあります。

※○数字は習う学年

漢字	局 ③	屋 ③	居 ⑤	属 ⑤	尺 ⑥	届 ⑥	展 ⑥	層 ⑥
主な読み方	キョク ―	オク や	キョ いる	ゾク ―	シャク ―	― とどける	テン ―	ソウ ―

展

なりたち

「尸（重いおしり）」と「𧘇（衣を略した字）」と「丗（おもしをかける）」を合わせた字。着物におもしをかけて、のばすことを表す。

読み方

テン
―

意味

・広がる
・平らに広げる

10画

展 展 展 展 展 展 展 展 展 展

練習

上より長く

展
展

1 「展」を書きましょう。

［　］示《てんじ》する。

産業の発［　］《はってん》。

［　］覧会《てんらんかい》。

［　］望台《てんぼうだい》。

2 読みがなを書きましょう。

作品を展示する。（　　　）

産業の発展。（　　　）

書道の展覧会。（　　　）

山の展望台。（　　　）

尺

なりたち
人が手の指のはばで長さをはかるときの、手の形をえがいた字。昔、中国では、親指をいっぱいに開いた長さを一尺《いっしゃく》とした。

4画

練習 尺 尺（はらう）

読み方 シャク

意味 ・ものさし ・物の長さ ・昔の長さの単位

1 「尺」を書きましょう。

巻《ま》き□《じゃく》。

縮《しゅく》□《しゃく》。

判断の□《しゃく》度《ど》。

（ものごとを判断するときのめやすとなるもの）

2 読みがなを書きましょう。

巻き尺。（　　　）

地図の縮尺。（　　　）

判断の尺度。（　　　）

届

なりたち
もとの字は「屆」。「尸（からだ）」と「凷（土の中の穴《あな》）」を合わせ、穴の中に体が下りていってとどいて止まることを表す。

8画

練習 届 届（つき出す）

読み方 とどける　とどく

意味 ・目的の所に達する ・相手に手わたす

1 「届」を書きましょう。

郵便《ゆうびん》が□《とど》く。

□《とど》け物《もの》。

忘《わす》れ物を□《とど》ける。

2 読みがなを書きましょう。

郵便が届く。（　　　）

届け物。（　　　）

忘れ物を届ける。（　　　）

層

なりたち
「尸（やね）」と「曽（何段《なんだん》にも重なった、せいろう）」を合わせた字。屋根がいくえにも重なっている高い建物を表す。

14画

練習 層 層（わすれずに）

読み方 ソウ

意味 ・つみ重なる

1 「層」を書きましょう。

地《ち》□《そう》。

高《こう》□《そう》ビル。

オゾン□《そう》。

2 読みがなを書きましょう。

古い地層。（　　　）

オゾン層。（　　　）

高層ビル。（　　　）

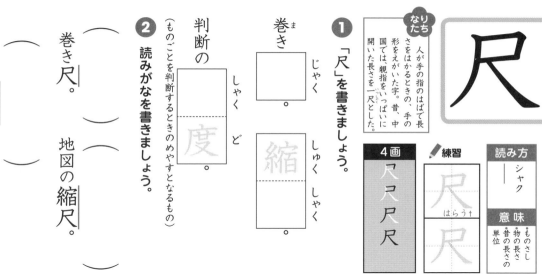

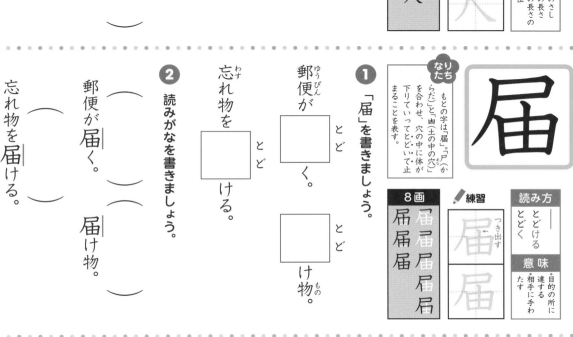

19 「穴《あな》・穴《あなかんむり》」のつく漢字

穴・窓

穴

なりたち

「穴《あな》(穴《あなかんむり》)」は、「宀(いえ)」と「八(左右に分けること)」とを合わせた形です。もとは、土をほり分けて作ったほらあなの家のことでした。

「穴」のつく漢字には、穴《あな》に関係するものがあります。

※○数字は習う学年

漢字	主な読み方
①空	クウ そら・あく から
③究	キュウ (きわめる)
⑥穴	(ケツ) あな
⑥窓	ソウ まど

穴

なりたち

「宀(いえ)」と「八(左右に分ける)」を合わせた字。もとは土をほったほらあなの家。後に、くぼんだあなの意味になった。

5画

穴 穴 穴 穴 穴

練習

穴 穴

はらう

読み方

(ケツ)
あな

意味

・地面にできたくぼみ

❶ 「穴」を書きましょう。

□《あな》をあける。

ほら□《あな》。

❷ 読みがなを書きましょう。

紙に穴(　　)をあける。

ほら穴(　　)を探検《たんけん》する。

窓

なりたち

もとの字は「窻」。「囱(空気ぬきのまど)」と「穴(あな)」と「心(こころ)」を合わせ、心がすうっとする、空気がぬけるまどを表す。

11画

窓 窓 窓 窓 窓 窓 窓 窓 窓 窓 窓

練習

窓 窓

曲げる

読み方

ソウ
まど

意味

・まど
・まどのある建物

❶ 「窓」を書きましょう。

部屋《へや》の□《まど》。

同《どう》□《そう》会《かい》。

❷ 読みがなを書きましょう。

部屋の窓(　　)を開ける。

小学校の同窓会(　　)。

ドリル

点

1つ・5点

1 ――線の漢字の読みがなを書きましょう。

① 忘《わす》れ物を届ける。（　）

② 窓を開ける。（　）

③ 地図の縮尺。（　）

④ 古い地層。（　）

⑤ 作品を展示する。（　）

⑥ 地面に穴をほる。（　）

⑦ 高層ビルが建つ。（　）

⑧ 判断の尺度。（　）

⑨ 同窓会を開く。（　）

⑩ 絵の展覧会。（　）

2 読みがなにあう漢字を書きましょう。

① 部屋《へや》の□《まど》。

② 古い□□《ちそう》。

③ ほら□《あな》。

④ 産業の□□《はってん》。

⑤ □□□《どうそうかい》。

⑥ 地図の□□《しゅくしゃく》。

⑦ オゾン□《そう》。

⑧ □□□《てんぼうだい》。

⑨ 巻《ま》き□《じゃく》。

⑩ 手紙が［　］《とど》く。

20 「刀《かたな》・刂《りっとう》」のつく漢字

刻・割・創・劇・券

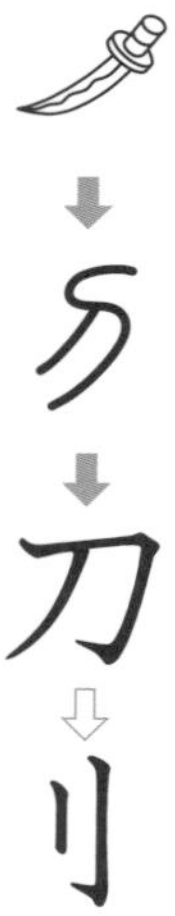

「刀《かたな》」は、えのついたかたなの形をえがいたものです。また、「刂《りっとう》」は、「刀」の変化した形です。

「刀」や「刂」のつく漢字には、ものを切る様子や切った後の様子に関係するものがあります。

※○数字は習う学年

漢字	刀②	切②	分②	前②	列③	初④	別④	利④
主な読み方	トウ かたな	セツ きる	ブン・フン・ブ わける	ゼン まえ	レツ ―	ショ はじめ はつ	ベツ わかれる	リ (きく)

漢字	刷④	副④	刊⑤	判⑤	制⑤	則⑤	券⑥	刻⑥	割⑥	創⑥	劇⑥
主な読み方	サツ する	フク ―	カン ―	ハン・バン ―	セイ ―	ソク ―	ケン ―	コク きざむ	(カツ) わる・わり	ソウ つくる	ゲキ ―

刻

読み方
コク
きざむ

なりたち
「亥（ごつごつしたぶたの骨《ほね》組みをえがいた字）」と「刂（かたな）」を合わせた字。物を刀でほること、きざむことを表す。

意味
・きざむ
・ほる
・きびしい
・時間

8画
亥 刻

練習
刻 わすれずに
刻

1 「刻」を書きましょう。

発車の時《じ》□《こく》。

深《しん》□《こく》な問題。

野菜を□《きざ》む。

思い出を胸《むね》に□《きざ》む。

2 読みがなを書きましょう。

発車の時刻になる。（　　）

深刻な問題。（　　）

野菜を刻む。（　　）

思い出を胸に刻む。（　　）

割

なりたち
「害(口をかごのふたでふさぐ)」と「刂(かたな)」を合わせた字。物をはものでわることを表す。

読み方
(カツ)
わる
わり
われる
(さく)

意味
・わける
・配分する
・十分の一

12画

練習 長く

① 「割」を書きましょう。

氷が□《わ》れる。

皿を□《わ》る。

自分の役《やく》□《わり》。

海と陸の□《わり》合《あい》。

② 読みがなを書きましょう。

氷が割れる。(　　)

皿を割る。(　　)

自分の役割。(　　)

海と陸の割合。(　　)

創

なりたち
「倉(切れ目を入れる)」と「刂(かたな)」を合わせた字。工作のとき、はもので切れ目を入れることから、はじめるの意味を表す。

読み方
ソウ
つくる

意味
・ものごとを始める
・初めてつくる

12画

練習 とめる

① 「創」を書きましょう。

□作《そうさく》活動。

□造《そうぞう》力《りょく》。

会社の□業《そうぎょう》。

文化を□《つく》る。

② 読みがなを書きましょう。

創作活動。(　　)

豊かな創造力。(　　)

会社を創業する。(　　)

文化を創る。(　　)

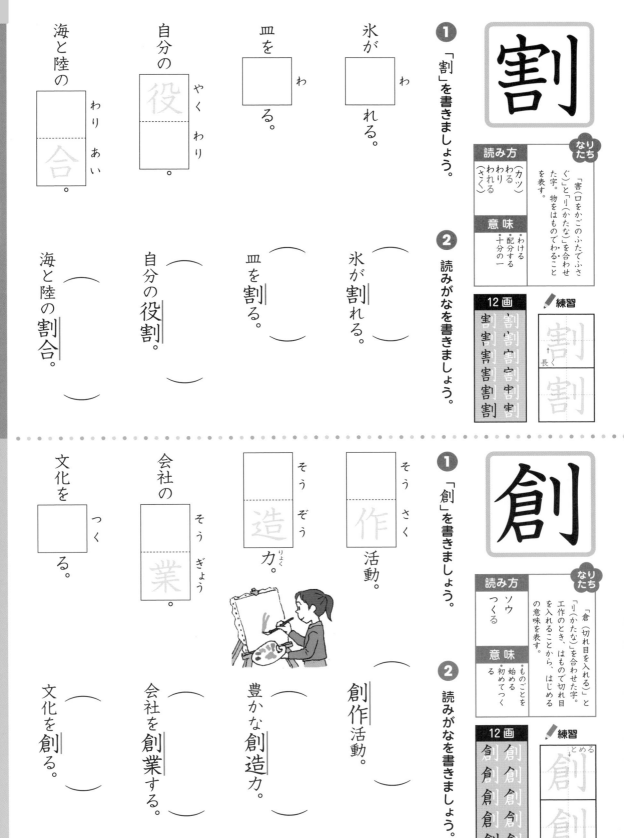

劇

なりたち
「豦（虎《とら》と豕《いのしし》が激《はげ》しく戦う様子）」と「刂（もとは、刀）」を合わせた字。激しく力をこめることを表す。

読み方
ゲキ

意味
・しばい
・はげしい

15画

練習　わすれずに

❶「劇」を書きましょう。

人形《にんぎょう》［　］《げき》を見る。

［悲《ひ》］［　］《げき》を演じる。

［　］《げき》［的《てき》］な勝利。

［　］《げき》［団《だん》］に入る。

❷読みがなを書きましょう。

人形劇（　）を見る。

悲劇（　）を演じる。

劇的（　）な勝利。

児童劇団（　）に入る。

券

なりたち
「龹（開いた両手）」と「刀（かたな）」を合わせた字。昔、木の札を小刀でほり、二つにわって一つずつ持ったことから、約束の印の札を表す。

読み方
ケン

意味
・きっぷ

8画

練習　はねる

❶「券」を書きましょう。

入場《にゅうじょう》［　］《けん》を買う。

招待《しょうたい》［　］《けん》をもらう。

通学の定期《ていき》［　］《けん》。

電車の乗車《じょうしゃ》［　］《けん》。

❷読みがなを書きましょう。

入場券（　）を買う。

招待券（　）をもらう。

通学の定期券（　）。

乗車券（　）を見せる。

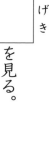

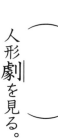

21 「彳《ぎょうにんべん》」のつく漢字

律・従

彳

なりたち

「彳《ぎょうにんべん》」は、十字路の左半分をえがいた形で、「いくこと」や「みち」の意味を表します。

「彳」のつく漢字には、行うこと、行くことや道などに関係するものがあります。

※○数字は習う学年

漢字	主な読み方
後②	ゴ・コウ のち・あと うしろ
役③	ヤク ―
待③	タイ まつ
径④	ケイ ―
徒④	ト ―
徳④	トク ―
往⑤	オウ ―
得⑤	トク える
復⑤	フク ―
律⑥	リツ ―
従⑥	ジュウ したがう

律

なりたち

「彳(進む)」と「聿(筆を持つ様子)」を合わせた字。人間が進んでいくことのきまりを、筆で書くことを表す。

読み方
リツ
(リチ)
―

意味
•きまり
•音楽のリズム

練習
律 律（つき出す）

9画
律 律 律 律 律 律 律 律 律

1 「律」を書きましょう。

ほうりつ 法□。

きりつ 規□。(人の行いのもととなるきまり)

2 読みがなを書きましょう。

法律を守る。（　　）

規律正しい生活。（　　）

従

なりたち

もとの字は「從」。「彳(いく)」と「止(足)」と「从(前の人に後ろの人がつきしたがう)」を合わせた字で、したがうことを表す。

読み方
ジュウ
(ショウ)
(ジュ)
したがう
したがえる

意味
•言うとおりにする
•仕事にたずさわる

練習
従 従（点の向きに注意）

10画
従 従 従 従 従 従 従 従 従 従

1 「従」を書きましょう。

規則に□う。（したが）

□□員《いん》。（じゅうぎょう）

2 読みがなを書きましょう。

規則に従う。（　　）

会社の従業員。（　　）

ドリル

1つ・5点

点

❶ ——線の漢字の読みがなを書きましょう。

① 思い出を胸《むね》に刻む。（　　）

② すぐれた創造力《りょく》。（　　）

③ 規則に従う。（　　）

④ 悲劇の主人公。（　　）

⑤ 詩の創作。（　　）

⑥ 海と陸地の割合。（　　）

⑦ 招待《しょうたい》券をもらう。（　　）

⑧ 深刻な問題。（　　）

⑨ 劇的な勝利。（　　）

⑩ 会社の従業員。（　　）

❷ 読みがなにあう漢字を書きましょう。

① 発車の［じこく］。

② 詩の［そうさく］。

③ 電車の定期《ていき》［けん］。

④ ［きりつ］を守る。

⑤ 文化を［つく］る。

⑥ 命令に［したが］う。

⑦ 国の［ほうりつ］。

⑧ 氷が［わ］れる。

⑨ 人形《にんぎょう》［げき］。

⑩ 野菜を［きざ］む。

22 「阝《こざとへん》」のつく漢字

降・除・陛・障

阝

なりたち

「阝《こざとへん》」は、盛《も》り上げた土の様子をえがいた形で、「おか・山」の意味を表します。

「阝」のつく漢字には、おかの様子や階段《かいだん》に関係するものがあります。

漢字の右側につく「阝（おおざと）」は、
110ページを見てね。

※○数字は習う学年

漢字	院③	階③
主な読み方	― イン	― カイ

陽③	阪④	陸④	隊④	防⑤	限⑤	険⑤	際⑤	降⑥	除⑥	陛⑥	障⑥
ヨウ ―	（ハン） ―	リク ―	タイ ―	ボウ ふせぐ	ゲン かぎる	ケン けわしい	サイ （きわ）	コウ おりる ふる	ジョ のぞく	ヘイ ―	ショウ （さわる）

降

読み方
コウ
おりる
おろす
ふる

意味
•おりる
•ふる
•ある時から あと

なりたち
「阝（おかの）」と「夅（下向きにくだる右足と左足）」を合わせた字。高い所から低い所へおりることを表す。

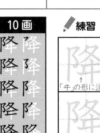

10画
降 降 降 降 降 降 降 降 降 降

✎練習
降
↑
「牛」の形に注意
降

1 「降」を書きましょう。

バスを□《お》りる。

雨が□《ふ》る。

□水量《こうすいりょう》。（ふった雨の量）

明日《あす》以□《いこう》。

2 読みがなを書きましょう。

バスを降りる。（　　）

雨が激《はげ》しく降る。（　　）

降水量が多い時期。（　　）

明日以降の予定。（　　）

除

なりたち 「阝(もり上げた土)」と「余(スコップ)」を合わせた字。スコップで土をおしのける意味から、じゃまなものをのぞく意味を表す。

読み方 ジョ（ジ） のぞく

意味 ・取り去る ・わり算

練習 除（上より長く） 除

10画 除 除 除 除 除 除 除 除 除 除

①「除」を書きましょう。

じょそう　□草。

じょがい　□外。

ごみを取《と》り□《のぞ》く。

② 読みがなを書きましょう。

除草作業。不良品の除外。

ごみを取り除く。

陛

なりたち 「阝(もり上げた土)」と「比(二人で並《なら》ぶ)」と「土(つち)」を合わせ、土の段《だん》が並ぶことから、王の座席《ざせき》の前の階段を表す。

読み方 ヘイ —

意味 ・天のうなどをうやまって言うことば

練習 陛（はねる） 陛

10画 陛 陛 陛 陛 陛 陛 陛 陛 陛 陛

①「陛」を書きましょう。

天皇《てんのう》へいか　□下。

イギリスの女王へいか　□下。

② 読みがなを書きましょう。

天皇陛下。

イギリスの女王陛下。

障

なりたち 「阝(もり上げた土)」と「章(「ショウ」という音を表す)」を合わせた字。土でかべを作り、敵を防ぎ、さえぎる意味を表す。

読み方 ショウ （さわる）

意味 ・じゃまをする ・間をさえぎる物

練習 障（長く） 障

14画 障 障 障 障 障 障 障 障 障 障

①「障」を書きましょう。

しょうがい　□害物《ぶつ》。

こしょう　故□。

和室のしょうじ　□子。

② 読みがなを書きましょう。

障害物競走。機械の故障。

和室の障子。

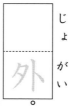

ドリル

1つ・5点

点

1 ——線の漢字の読みがなを書きましょう。

① バスを降りる。（　　）

② 校庭の除草。（　　）

③ 天皇陛下《てんのう》。（　　）

④ 障害物《ぶつ》競走。（　　）

⑤ 機械が故障する。（　　）

⑥ 明日《あす》以降の予定。（　　）

⑦ 不良品の除外。（　　）

⑧ 和室の障子。（　　）

⑨ 雨が激《はげ》しく降る。（　　）

⑩ ごみを取《と》り除く。（　　）

2 読みがなにあう漢字を書きましょう。

① 機械の［こしょう］。

② ［こうすいりょう］。

③ ［じょがい］する。

④ 女王［へいか］。

⑤ ［しょうがい］物競走。

⑥ 車を［お］りる。

⑦ ［じょそう］の薬。

⑧ ごみを取り［のぞ］く。

⑨ ［しょうじ］紙《がみ》。

⑩ 雪が［ふ］る。

まとめドリル

点

1つ・5点

1 読みがなにあう漢字を書きましょう。

① □《あな》があく。

② 地《ち》□《そう》を調べる。

③ □《とど》け物《もの》。

④ 地図の縮《しゅく》□《しゃく》。

⑤ □《そう》造力《ぞうりょく》。

⑥ 男女の□《わり》合《あい》。

⑦ □《げき》を演じる。

⑧ □《まど》を開ける。

⑨ 天皇《てんのう》□《へい》下《か》。

⑩ 入場《にゅうじょう》□《けん》。

2 読みがなにあう漢字を書きましょう。

① □□《ほうりつ》家《か》。

② □□《こうすい》量《りょう》。

③ 産業の□□《はってん》。

④ □□《しょうがい》物《ぶっ》競走。

⑤ 庭の□□《じょそう》。

⑥ 機械の□□《こしょう》。

3 次のことばを漢字と送りがなで〔　〕に書きましょう。

① 指示に〔　〕《したがう》。

② 荷物を〔　〕《とどける》。

③ バスを〔　〕《おりる》。

④ ねぎを〔　〕《きざむ》。

23 「衣《ころも》・衤《ころもへん》」のつく漢字

裁・装・補・裏

衣

なりたち

「衣《ころも》」は、後ろのえりを立て、前のえり元を合わせた着物のえりの部分をえがいた形で、「衤《ころもへん》」は「衣」の変化した形です。

「衣」や「衤」のつく漢字には、着物や布に関係するものが多くあります。

※○数字は習う学年

漢字	主な読み方
表③	ヒョウ おもて あらわす
衣④	イ （ころも）
製⑤	セイ ―
複⑤	フク ―
裁⑥	サイ さばく
装⑥	ソウ （よそおう）
補⑥	ホ おぎなう
裏⑥	（リ） うら

裁

読み方
サイ
（たつ）
さばく

意味
・布を切る
・善悪などをはっきりさせる

なりたち
「𢦏（川の水の流れをたち切ること）」と「衣（ぬの）」を合わせた字。着物を作るために布を切ることを表す。

12画

練習 わすれずに

❶ 「裁」を書きましょう。

さいばん（判）を行う。

さいほうの道具。

罪をさばく。

法のさばき。

❷ 読みがなを書きましょう。

裁判（　　）を行う。

裁（　　）ほうの道具。

罪を裁（　　）く。

法の裁（　　）き。

装

なりたち
「壮（背《せい》の高い男）」と「衣（着物）」を合わせた字。形よく身づくろいをする、よそおう、また、よそおいの意味を表す。

読み方
ソウ
（ショウ）
（よそおう）

意味
・身じたくをする
・備えつける

練習
装（上より短く）
装

12画
装装装装装装装装装装装装

1 「装」を書きましょう。

服□《ふくそう》。　□置《そうち》。
包□紙《ほうそうし》。

2 読みがなを書きましょう。

夏の服装。（　　）
実験の装置。（　　）
プレゼントの包装紙。（　　）

補

なりたち
「衤（着物）」と「甫（なえが植えられている田。広がる）」を合わせ、着物のやぶれたところに布を広げておぎなうことを表す。

読み方
ホ
おぎなう

意味
・うめあわせる
・正式に資格をもたない人

練習
補（わすれずに）
補

12画
補補補補補補補補補補補補

1 「補」を書きましょう。

栄養を□《おぎな》う。　□足《ほそく》。
立候□《りっこうほ》する。

2 読みがなを書きましょう。

栄養を補う。（　　）
回答の補足。（　　）
会長に立候補する。（　　）

裏

なりたち
「衣（着物）」と「里（たてよこのすじ）」を合わせた字。すじのある布を着物のうらじに使ったことから、うらの意味を表す。

読み方
（リ）
うら

意味
・物の後ろ、反対側

練習
裏（長く）
裏

13画
裏裏裏裏裏裏裏裏裏裏裏裏裏

1 「裏」を書きましょう。

□側《うらがわ》。　□返《うらがえ》す。
□表《うらおもて》のない性格。

2 読みがなを書きましょう。

建物の裏側。（　　）
服を裏返す。（　　）
裏表のない性格。（　　）

24 「石《いし・いしへん》」のつく漢字

砂・磁

石

なりたち

→ 石

「石《いし・いしへん》」は、がけの下に転がっているいしをえがいた形です。

「石」のつく漢字には、石や鉱物《こうぶつ》の種類や性質《せいしつ》に関係するものがあります。

※○数字は習う学年

漢字	主な読み方
石 ①	セキ シャク いし
研 ③	ケン (とぐ)
破 ⑤	ハ やぶる
確 ⑤	カク たしか
砂 ⑥	サ すな
磁 ⑥	ジ —

砂

なりたち
「石(いし)」と「少(小さくけずる)」を合わせた字。石の中の小さく細かい石のつぶ、すなを表す。

9画
砂 砂 砂 砂 砂 砂 砂 砂 砂

練習
砂（とめる）
砂

読み方
サ
(シャ)
すな

意味
・すな、細かいつぶ

❶ 「砂」を書きましょう。

すな□はま。

さとう□糖。

❷ 読みがなを書きましょう。

（　）砂はまを歩く。

コーヒーに（　）砂糖を入れる。

磁

なりたち
「石(いし)」と「兹(糸のように細かい草の芽がふえる)」を合わせた字。周りに砂鉄《さてつ》を引き寄せる力のあるじ・しゃ・くを表す。

14画
磁 磁 磁 磁 磁 磁 磁 磁 磁 磁

練習
点の向きに注意
磁
磁

読み方
ジ
—

意味
・鉄をすいつける性質
・焼き物

❶ 「磁」を書きましょう。

じしゃく□石。

陶《とう》□器。（じき）

❷ 読みがなを書きましょう。

（　）磁石につく金属。

白い陶《とう》（　）磁器。

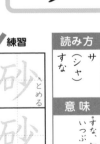

ドリル

点

1つ・5点

1 ——線の漢字の読みがなを書きましょう。

① 海岸の**砂**。（　　　）

② **磁石**につく金属。（　　　）

③ 実験の**装置**。（　　　）

④ **砂糖**を入れる。（　　　）

⑤ 栄養を**補**う。（　　　）

⑥ **裁**ほうの道具。（　　　）

⑦ 服を**裏返**す。（　　　）

⑧ きれいな**包装紙**。（　　　）

⑨ 罪を**裁**く。（　　　）

⑩ **立候補**する。（　　　）

2 読みがなにあう漢字を書きましょう。

① 白い［　］《すな》はま。

② 地球の［　｜　］《うらがわ》。

③ ［　｜　］《ほそく》説明。

④ 清潔な［　｜　］《ふくそう》。

⑤ 表と［　］《うら》。

⑥ ［　｜　］《さいばん》所《しょ》。

⑦ ［　｜糖］《さとう》。

⑧ 栄養を［　］《おぎな》う。

⑨ ［　｜　］《じしゃく》。

⑩ 罪を［　］《さば》く。

25 「广《まだれ》」のつく漢字

庁・座

广

なりたち

「广《まだれ》」は、建物の屋根の形をえがいたもので、「たてもの」「いえ」という意味を表します。「广」のつく漢字には、家や屋根に関係するものがあります。

漢字	広②	店②	度③	庫③	庭③	底④	府④	康④	序⑤	庁⑥	座⑥
主な読み方	コウ ひろい	テン みせ	ド (たび)	コ —	テイ にわ	テイ そこ	フ —	コウ —	ジョ —	チョウ —	ザ (すわる)

※○数字は習う学年

庁

なりたち

もとの字は「廳」。「广(いえ)」と「聽(耳をかたむけてきく)」を合わせた字。人々のうったえを聞く役所のことを表す。

5画

練習（はねる）

読み方

チョウ —

意味

- 役所
- 行政機関の一つ

1 「庁」を書きましょう。

けん ちょう [県][　]。

気象《きしょう》 ちょう [　]。

2 読みがなを書きましょう。

県庁所在地を調べる。（　　）

気象庁の天気予報。（　　）

座

なりたち

「广(いえ)」と「坐(人がふたり向かい合ってすわっている)」を合わせた字。家の中で人がすわる場所のことを表す。

10画

※「座座座」と書く場合もある。

練習（とめる）

読み方

ザ (すわる)

意味

- すわる
- 人が集まる所
- 星の集まり

1 「座」を書きましょう。

ざ せき [　][席]。

せい ざ [星][　]。

2 読みがなを書きましょう。

お年寄りに座席をゆずる。（　　）

美しい冬の星座。（　　）

26 「己《おのれ》」のつく漢字

己・巻

己

なりたち

己

「己《おのれ》」は、人から呼《よ》ばれてはっとして起き上がるときの動作を表した形です。はっと気がついて起き上がることから、「じぶん」を意味するようになりました。

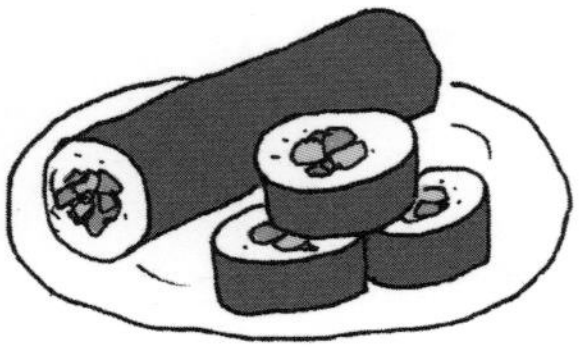

※○数字は習う学年

漢字	主な読み方
己 ⑥	コ（おのれ）
巻 ⑥	カン まく・まき

己

なりたち 人から呼《よ》ばれて、はっとして起き上がるときの動作を表した字。自分だとはっと気がつくことから自分のことを表す。

3画 己己己

練習 つなげない 己 己

読み方 コ （キ） （おのれ）

意味 ●自分

1 「己」を書きましょう。

じこ
自□。

りこ
利□的《てき》。
（自分だけの利益を求める様子）

2 読みがなを書きましょう。

自己（　　）しょうかいをする。

利己（　　）的な考え。

巻

なりたち 「龹（ばらまかれたものを両手で受ける）」と「己（人が体を丸めた姿《すがた》）」を合わせた字。くるくるとまくことを表す。

9画 巻巻巻巻巻巻巻巻巻

練習 つき出す 巻 巻

読み方 カン まく まき

意味 ●書物 ●まるめる

1 「巻」を書きましょう。

かん
□末《まつ》。

ま
□き物《もの》。

まき
上の□。

2 読みがなを書きましょう。

本の巻末（　　）。

巻（　　）き物。

上の巻（　　）。

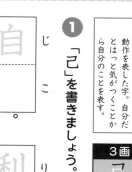

27 「皿《さら》」のつく漢字

盛・盟

皿

「皿《さら》」は、さらの形をえがいたものです。
「皿」のつく漢字には、皿や皿に入れる物に関係するものがあります。

なりたち

似た形に、「罒（あみがしら）」や「血（ち）」があるよ。注意してね。

※○数字は習う学年

漢字	主な読み方
皿③	― さら
益⑤	エキ ―
盛⑥	（セイ） もる
盟⑥	メイ ―

盛

なりたち
「成（まとめ上げる）」と「皿（さら）」を合わせた字。うつわに山もりにもることを表す。また、さかんにもり上げる意味を表す。

読み方
（セイ）
（ジョウ）
もる
（さかる）
（さかん）

意味
●高く積み上げる、もる
●さかんになる

練習
わすれずに

11画

1 「盛」を書きましょう。

土を［　］《も》る。

［　］《も》り上《あ》がる。

2 読みがなを書きましょう。

高く土を盛る。（　　）

運動会が盛り上がる。（　　）

盟

なりたち
「明（あきらか）」と「皿（さら）」を合わせた字。動物の血を皿に入れてすすり合って約束したことから、約束を表す。

読み方
メイ
―

意味
●仲間として固く約束する

練習
↑長く

13画

1 「盟」を書きましょう。

連［　］《れんめい》。

加［　］《かめい》。（団体などに入ること）

2 読みがなを書きましょう。

野球連盟に所属する。（　　）

団体に加盟する。（　　）

ドリル

1つ・5点

点

1 ――線の漢字の読みがなを書きましょう。

① 美しい星座。（　　）

② 本の巻末。（　　）

③ 自己しょうかい。（　　）

④ 野球連盟。（　　）

⑤ ねじを巻く。（　　）

⑥ 座席をゆずる。（　　）

⑦ 団体に加盟する。（　　）

⑧ 県庁所在地。（　　）

⑨ ご飯を盛る。（　　）

⑩ 利己的な考え。（　　）

2 読みがなにあう漢字を書きましょう。

① 団体への［かめい］。

② 野球［れんめい］。

③ 優先《ゆうせん》［ざせき］。

④ ［りこてき］な人。

⑤ 本の［かんまつ］。

⑥ ［じこ］しょうかい。

⑦ ［きしょうちょう］。

⑧ ねじを［ま］く。

⑨ 冬の［せいざ］。

⑩ ご飯を［も］る。

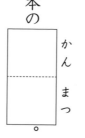

28 「貝」《かい・かいへん》のつく漢字

貴・賃

貝

なりたち

「貝」《かい・かいへん》は、二枚《まい》がい・・の形をえがいたものです。

「貝」のつく漢字には、お金や財産に関係するものが多くあります。

※○数字は習う学年

漢字	主な読み方
貝①	― かい
買②	バイ かう
負③	フ まける おう
貨④	カ ―
賀④	ガ ―
財⑤	ザイ ―
責⑤	セキ せめる
貧⑤	ビン まずしい
貸⑤	(タイ) かす
貯⑤	チョ ―
費⑤	ヒ (ついやす)
貿⑤	ボウ ―
資⑤	シ ―
賛⑤	サン ―
質⑤	シツ ―
賞⑤	ショウ ―
貴⑥	キ (とうとい)
賃⑥	チン ―

貴

なりたち
「𠀎(両手で大切な物を持つ様子)」と「貝(お金)」を合わせた字。人が大切にしている、とうとい品物やお金を表す。

12画

練習

←長く

読み方
キ
(たっとい)
(とうとい)
(たっとぶ)
(とうとぶ)

意味
・大切にする、身分やかちが高い

1 「貴」を書きましょう。

き ちょう
［　］重。

き ぞく
［　］族。

2 読みがなを書きましょう。

貴重な体験。（　　）

平安《へいあん》時代の貴族。（　　）

賃

なりたち
「任(人がものをかかえこむ)」と「貝(お金)」を合わせた字。お金をはらって人をやとうこと、やとうためのお金を表す。

13画

練習

←はらう

読み方
チン ―

意味
・はらうお金

1 「賃」を書きましょう。

うん ちん
運［　］。

電車《でんしゃ》 ちん
［　］。

2 読みがなを書きましょう。

バスの運賃。（　　）

電車賃をもらう。（　　）

29 「阝《おおざと》」のつく漢字

郷・郵

阝

なりたち

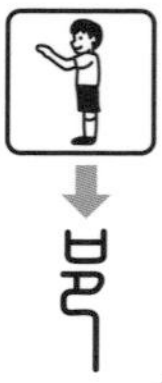

邑 → 阝

「阝《おおざと》」のもとの字は「邑《むら》」で、「口（土地）」とふせた人の姿《すがた》を合わせた形です。「阝」は、人の集まるむらを表します。

漢字の左側につく「阝（こざとへん）」は、97ページを見てね。

※〇数字は習う学年

漢字	主な読み方
都③	ト・ツ　みやこ
部③	ブ
郡④	グン
郷⑥	キョウ
郵⑥	ユウ

郷

なりたち：真ん中にごちそうを置いて、両側から人が向かい合っている様子をえがいた字。人がたがいに向かい合う村を表す。

読み方：キョウ　（ゴウ）

意味：・ふるさと　・村里　・場所

11画

練習（はらう）

❶ 「郷」を書きましょう。

故（こ）□（きょう）。

□（きょう）里（り）。

（ふるさと。生まれ故きょう）

❷ 読みがなを書きましょう。

故郷の山や川。（　　　）

母の郷里。（　　　）

郵

なりたち：「垂（国のはて）」と「阝（むら）」を合わせた字。手紙を持って、国々を回る人のために、国の果てに置かれた中継所《ちゅうけいじょ》を表す。

読み方：ユウ

意味：・ゆう便のこと

11画

練習（はらう）

❶ 「郵」を書きましょう。

□（ゆう）便（びん）。

□（ゆう）送（そう）。

❷ 読みがなを書きましょう。

郵便が届《とど》く。（　　　）

写真を郵送する。（　　　）

ドリル

1つ・5点

点

1 ――線の漢字の読みがなを書きましょう。

① 運賃がかわる。（　　　）

② 郵便が届《とど》く。（　　　）

③ 貴重な話を聞く。（　　　）

④ 故郷の風景。（　　　）

⑤ 手紙を郵送する。（　　　）

⑥ 電車賃。（　　　）

⑦ 母の郷里。（　　　）

⑧ 平安《へいあん》時代の貴族。（　　　）

⑨ 運賃の値《ね》上げ。（　　　）

⑩ 郵便小包。（　　　）

2 読みがなにあう漢字を書きましょう。

① □□（き ちょう）な体験。

② □□（こ きょう）へ帰る。

③ □□□（でん しゃ ちん）。

④ □□（ゆう びん）局《きょく》。

⑤ 母の□□（きょう り）。

⑥ □□（き ぞく）の生活。

⑦ 手紙の□□（ゆう そう）。

⑧ バスの□□（うん ちん）。

⑨ □□（き ちょう）な本。

⑩ □□（こ きょう）の空。

まとめドリル

点

1つ・5点

1 読みがなにあう漢字を書きましょう。

① □《さ》糖《とう》を入れる。

② 気《き》象《しょう》□《ちょう》の予報。

③ 自《こ》□《こ》しょうかい。

④ 立《りっ》候《こう》□《ほ》する。

⑤ 地球の□《うら》側《がわ》。

⑥ □《き》重《ちょう》な経験。

⑦ 電車の運《うん》□《ちん》。

⑧ 本の□《かん》末《まつ》。

⑨ □《すな》時計《どけい》。

⑩ 高校野球連《れん》□《めい》。

2 読みがなにあう漢字を書きましょう。

① □□《じしゃく》。

② □□《こきょう》。

③ □□《さいばん》所《しょ》。

④ 清潔な□□《ふくそう》。

⑤ バスの□□《ざせき》。

⑥ □□《ゆうびん》小包。

3 次のことばを漢字と送りがなで〔　〕に書きましょう。

① 栄養を〔　〕《おぎなう》。

② 舌を〔　〕《まく》。

③ ご飯を〔　〕《もる》。

④ 罪を〔　〕《さばく》。

30 「金《かね》・金《かねへん》」のつく漢字

針・鋼・銭

金

なりたち

「金《かね》（金《かねへん》）」は、土の中にきんぞくのつぶが散らばっている様子をえがいた形です。
「金」のつく漢字には、金属の種類や金属でできた物に関係するものが多くあります。

※○数字は習う学年

漢字	金①	鉄③	銀③	録④	鏡④	鉱⑤	銅⑤	針⑥	銭⑥	鋼⑥
主な読み方	キン・コン かね・かな	テツ	ギン	ロク	キョウ かがみ	コウ	ドウ	シン はり	セン （ぜに）	コウ （はがね）

針

読み方
シン
はり

意味
・先のとがった細い物
・方向

なりたち
「金（きんぞく）」と「十（まとめる）」を合わせた字。布をぬってまとめるための先のとがった金属のはりのことを表す。

10画

練習
←長く

❶ 「針」を書きましょう。

はり［　　］と糸でぬう。

細い［はり　］金《がね》。

時計《とけい》の［秒《びょう》　しん］。

今後の［方《ほう》　しん］。

❷ 読みがなを書きましょう。

針（　　）と糸でぬう。

細い針金（　　）。

時計の秒針（　　）。

今後の方針（　　）。

鋼

なりたち
「金（きんぞく）」と「岡（かたくてじょうぶな台地）」を合わせた字。かたくてじょうぶな金属、はがねのことを表す。

読み方	意味
コウ（はがね）	・はがね

16画

練習（はねる↑）

1 「鋼」を書きましょう。

- □《こう》鉄《てつ》のドア。
- 鉄《てっ》□《こう》業《ぎょう》。
- 建築用の□《こう》材《ざい》。
- 製《せい》□《こう》の技術。

2 読みがなを書きましょう。

- 鋼鉄（　　）でできたドア。
- 鉄鋼（　　）業の発展《はってん》。
- 建築用の鋼材（　　）。
- 製鋼（　　）の技術。

銭

なりたち
もとの字は「錢」。「金（きんぞく）」と「戔（ほこが二つで、ものを切って小さくする）」を合わせた字。金属でできた小さなお金を表す。

読み方	意味
セン（ぜに）	・お金

14画

練習（はねる↑）

1 「銭」を書きましょう。

- つり□《せん》をもらう。
- さい□《せん》箱《ばこ》。
- □《せん》湯《とう》に行く。
- 金《きん》□《せん》の管理。

2 読みがなを書きましょう。

- つり銭（　　）をもらう。
- 神社のさい銭（　　）箱。
- 銭湯（　　）に行く。
- 金銭（　　）の管理。

31 「門《もんがまえ》」のつく漢字

閉・閣

門

なりたち

「門《もんがまえ》」は、左右に二枚《まい》のとびらのついたもんが閉《と》じている様子をえがいた形です。

「門」のつく漢字には、門や門の様子に関係するものがあります。

※○数字は習う学年

漢字	主な読み方
門②	モン（かど）
間②	カン・ケン あいだ・ま
開③	カイ ひらく あく
関④	カン せき かかわる
閉⑥	ヘイ とじる しめる
閣⑥	カク —

閉

なりたち

「門（もん）」と「才（川の流れをせきとめる）」を合わせた字。門のとびらをとじて、人の出入りをとめる意味を表す。

11画

練習　はねる↑

読み方

ヘイ
とじる（とざす）
しめる
しまる

意味

・しめる、とじる
・終える

❶ 「閉」を書きましょう。

へい□会《かい》。

と□じる。

し□める。

❷ 読みがなを書きましょう。

閉会のことば。（　　）

本を閉じる。（　　）

窓《まど》を閉める。（　　）

閣

なりたち

「門（もん）」と「各（足がつかえてとまる）」を合わせた字。もとはとびらをとめるくいや石のこと。後に門のある高い建物を表す。

14画

練習　はねる↑

読み方

カク
—

意味

・高いりっぱな建物
・政治を行う機関

❶ 「閣」を書きましょう。

ないかく
内□。

天守《てんしゅ》かく□。

（城の中心の高い物見《ものみ》のやぐら）

❷ 読みがなを書きましょう。

内閣総理大臣。（　　）

城の天守閣。（　　）

32 「見《みる》」のつく漢字

見

なりたち

「見《みる》」は、目と人(儿)を合わせた形で、人が目でみることを表します。

「見」のつく漢字には、見ることに関係するものがあります。

※○数字は習う学年

漢字	主な読み方
①見	ケン みる
②親	シン おや したしい
④覚	カク おぼえる さます
④観	カン
⑤規	キ
⑥視	シ
⑥覧	ラン

視・覧

視

なりたち
もとの字は「視」。「示(神様)」と「見(みる)」を合わせた字。「示(シ)」の音がまっすぐの意味から、まっすぐに見ることを表す。

11画
視視視視視視視視視視視

練習
視 (はねる↑) 視

読み方
シ

意味
・目のはたらき
・よく見る

❶「視」を書きましょう。

しりょく (　)力。

しせん (　)線。

❷ 読みがなを書きましょう。

視力の検査。(　)

友達《ともだち》と視線が合う。(　)

覧

なりたち
「𠂉(うつわの中の水にうつった顔を上から見る)」と「見(みる)」を合わせた字。上から下を見下ろすことを表す。

17画
覧覧覧覧覧覧覧覧覧覧覧覧覧覧覧覧覧

練習
覧 (わすれずに) 覧

読み方
ラン

意味
・よく見る
・見やすくまとめたもの

❶「覧」を書きましょう。

てんらん 展(　)会《かい》。

いちらん 一(　)表《ひょう》。

❷ 読みがなを書きましょう。

絵の展覧会に行く。(　)

係の一覧表を作る。(　)

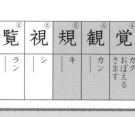

ドリル

1つ・5点

□点

1 ――線の漢字の読みがなを書きましょう。

① 針と糸でぬう。（　　）

② 視線をそらす。（　　）

③ 本を閉じる。（　　）

④ さい銭箱《ばこ》。（　　）

⑤ 鋼鉄のドア。（　　）

⑥ 時計《とけい》の秒針。（　　）

⑦ 絵の展覧会。（　　）

⑧ 閉会のことば。（　　）

⑨ 内閣総理大臣。（　　）

⑩ 鉄鋼業《ぎょう》。（　　）

2 読みがなにあう漢字を書きましょう。

① ［しりょく］の検査。

② 時計の［びょうしん］。

③ ［こうてつ］のドア。

④ ［いちらんひょう］。

⑤ ［ないかく］総理大臣。

⑥ ［しせん］が合う。

⑦ ［へいかい］式《しき》。

⑧ ［てんらんかい］。

⑨ ［きんせん］の管理。

⑩ 窓《まど》を［し］める。

33 「乙《おつ》」のつく漢字

乱・乳

乙

なりたち

し ⇦ 乙

「乙《おつ》」は、もつれた糸の様子、または、つばめが飛んでいる様子を表した形です。また、「し」は、「乙」の変化したものです。

※○数字は習う学年

漢字	主な読み方
①九	キュウ ク ここのつ
⑥乱	ラン みだれる
⑥乳	ニュウ ちち

乱

なりたち もとの字は「亂」。「𤔔（糸を上と下から手で引っぱる様子）」と「し（もつれた糸）」を合わせた字で、みだれる意味を表す。

7画 乱の筆順

練習 はらう 乱 乱

読み方 ラン　みだれる　みだす

意味 ・まとまりがなくなる　・もめごと

❶ 「乱」を書きましょう。

らん□暴《ぼう》。

列が□《みだ》れる。

❷ 読みがなを書きましょう。

乱暴な行い。（　　）

列が乱れる。（　　）

乳

なりたち 「孚（子供《こども》を手でかばって育てる様子）」と「し（子をさずけるといわれるつばめ）」を合わせた字。子を育てるのに必要なちちを表す。

8画 乳の筆順

練習 乳 乳

読み方 ニュウ　ちち　（ち）

意味 ・ちち

❶ 「乳」を書きましょう。

牛《ぎゅう》□《にゅう》。

牛の□《ちち》。

❷ 読みがなを書きましょう。

毎朝牛乳を飲む。（　　）

牛の乳をしぼる。（　　）

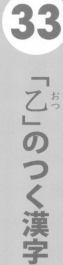

34 「火《ひ》・火《ひへん》・灬《れんが》《れっか》」のつく漢字

灰・熟

火

「火《ひ》（火《ひへん》）」は、ひが燃えている様子をえがいた形で、「灬《れんが》《れっか》」は「火」の変化した形です。火や火のはたらきに関係する漢字が多くあります。

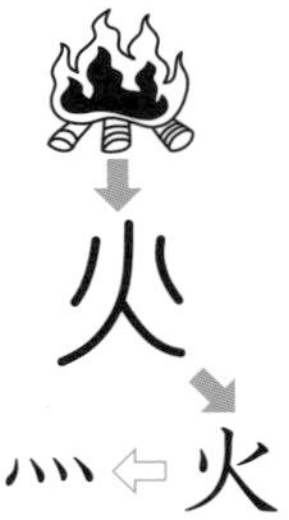

※○数字は習う学年

漢字	主な読み方
①火	カ　ひ
②点	テン　—
③炭	タン　すみ
④灯	トウ　（ひ）
④焼	（ショウ）　やく
④然	ゼン・ネン　—
④無	ム・ブ　ない
④照	ショウ　てる
④熊	—　くま
④熱	ネツ　あつい
⑤災	サイ　（わざわい）
⑤燃	ネン　もえる
⑥灰	（カイ）　はい
⑥熟	ジュク　（うれる）

灰

なりたち
「厂（て）」と「火（ひ）」を合わせた字。かまどから燃えかすのはいを手で引き出している様子をえがいた字。

6画
灰 灰 灰 灰 灰 灰

練習
灰（はらう）
灰

読み方
（カイ）
はい

意味
・もえかす
・白と黒の間の色

❶「灰」を書きましょう。

［はい］色《いろ》。

火山《かざん》［ばい］。

❷ 読みがなを書きましょう。

灰色の空。（　　　）

火山灰が降《ふ》る。（　　　）

熟

なりたち
「孰（肉にしん棒《ぼう》を通している様子）」と「灬（ひ）」を合わせた字。火で食物をよくにて、しんが通るほどやわらかくすること。

15画
孰 熟 熟 熟 熟 熟

練習
熟（はねる）
熟

読み方
ジュク
（うれる）

意味
・よく実る
・十分になる

❶「熟」を書きましょう。

実が［じゅく］す。

［じゅく］語《ご》。

❷ 読みがなを書きましょう。

かきの実が熟す。（　　　）

四字の熟語を調べる。（　　　）

ドリル

1つ・5点　点

1 ――線の漢字の読みがなを書きましょう。

① 毎朝牛乳を飲む。（　　）

② 果実が熟す。（　　）

③ 列が乱れる。（　　）

④ 灰色の空。（　　）

⑤ 熟語を調べる。（　　）

⑥ 牛の乳をしぼる。（　　）

⑦ 火山《かざん》灰。（　　）

⑧ 乱暴な手つき。（　　）

⑨ 牛乳配達の人。（　　）

⑩ 機が熟す。（　　）（ちょうどよい時になる）

2 読みがなにあう漢字を書きましょう。

① □《じゅく》したみかん。

② 規律《きりつ》が□《みだ》れる。

③ □□《はいいろ》の空。

④ □□《ぎゅうにゅう》を飲む。

⑤ □□《らんぼう》な字。

⑥ 四字□□《じゅくご》。

⑦ 火山□《ばい》。

⑧ □《ちち》しぼり。

⑨ 機が□《じゅく》す。

⑩ 列を［　　《みだ》］す。

35 「卩《ふしづくり》」のつく漢字

危・卵

卩

卩

「卩《ふしづくり》」は、ひざまずいた人の姿《すがた》をえがいた形です。「ひざまずかせること」や「しゃがみこむこと」を表します。「あし」になるときは「㔾」の形となります。

「阝(おおざと)」とは区別して覚えよう。

※○数字は習う学年

漢字	主な読み方
④印	イン しるし
⑥危	キ あぶない
⑥卵	(ラン) たまご

危

なりたち がけの上と下に、人がすわっている様子をえがいた字。あぶない様子を表す。

6画 危 危 危 危 危 危

練習 (はねる)

読み方 キ あぶない (あやうい) (あやぶむ)

意味 ・あぶない ・不安に思う

1 「危」を書きましょう。

き けん
[　]険。

あぶ
[　]ない遊び。

2 読みがなを書きましょう。

(　　)危険な場所。

(　　)危ない遊びはしない。

卵

なりたち まるくて、いくつも重なって産みつけられる、魚や虫のたまごをえがいた字。

7画 卵 卵 卵 卵 卵 卵 卵

練習 (はらう)

読み方 (ラン) たまご

意味 ・たまご ・一人前でない人のこと

1 「卵」を書きましょう。

たまご
半熟《はんじゅく》[　]。

たまご
医者の[　]。(医者となるために学んでいる人)

2 読みがなを書きましょう。

半熟卵(　　)を食べる。

医者の卵(　　)。

36 「大《だい》」のつく漢字

奏・奮

大

なりたち

↓ 大 ↓ 大

「大《だい》」は、両手を広げて立っている人の姿《すがた》をえがいた形で、おおきいことを表します。

※○数字は習う学年

漢字	大①	天①	太②	央③	夫④	失④	奈④	奏⑥	奮⑥
主な読み方	ダイ・タイ おおきい	テン あま	タイ・タ ふとい	オウ ―	フ おっと	シツ うしなう	ナ ―	ソウ (かなでる)	フン ふるう

奏

なりたち
葉のついた木の枝のささげ物をそろえて両手で差し出す様子をえがいた字。身分の高い人に申し上げる意味を表す。

9画

練習 長く　とめる

読み方
ソウ
(かなでる)

意味
・楽器を鳴らす

❶ 「奏」を書きましょう。

演《えん》□《そう》。

独《どく》□《そう》。（一人のえんそう）

❷ 読みがなを書きましょう。

フルートの演奏。（　　　）

バイオリンの独奏。（　　　）

奮

なりたち
「大（手を広げて立っている人）」と「隹（鳥）」と「田（た）」を合わせた字。鳥が地面から勢いよく飛び立つ姿《すがた》を表す。

16画

練習 横長に

読み方
フン
ふるう

意味
・気持ちをふるい立たせる

❶ 「奮」を書きましょう。

興《こう》□《ふん》。

勇気を□《ふる》う。

❷ 読みがなを書きましょう。

興奮した観客。（　　　）

勇気を奮う。（　　　）

ドリル

1つ・5点

点

1 ——線の漢字の読みがなを書きましょう。

① 半熟《はんじゅく》卵を食べる。（　　）

② フルートの演奏。（　　）

③ 危険な場所。（　　）

④ 勇気を奮う。（　　）

⑤ ピアノの独奏。（　　）

⑥ 女優《じょゆう》の卵。（　　）

⑦ 興奮する。（　　）

⑧ 危ない足どり。（　　）

⑨ 危険性《せい》が高い。（　　）

⑩ 心が奮い立《た》つ。（　　）

2 読みがなにあう漢字を書きましょう。

① □□（きけん）な道路。

② 心が□（ふる）い立つ。

③ ピアノの□□（どくそう）。

④ 学者の□（たまご）。

⑤ □□（こうふん）する。

⑥ □□（きけん）な遊び。

⑦ □（たまご）がかえる。

⑧ 勇気を［　　］（ふる）う。

⑨ □□（えんそう）会《かい》。

⑩ ［　　］（あぶ）ない場所。

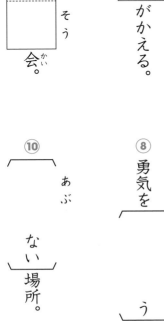

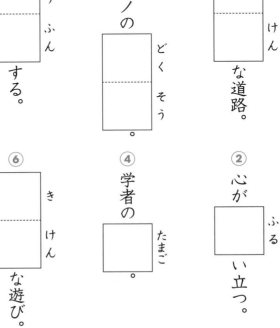

37 「頁《おおがい》」のつく漢字

頁

なりたち

「頁《おおがい》」は、頭を大きくした人のすがたをえがいた形で、人の「あたま」を表します。

「頁」のつく漢字には、頭や上の部分に関係するものがあります。

※○数字は習う学年

漢字	主な読み方
頭 ②	トウ・ズ あたま
顔 ②	ガン かお
題 ③	ダイ ―
順 ④	ジュン ―
類 ④	ルイ たぐい
願 ④	ガン ねがう
領 ⑤	リョウ ―
額 ⑤	ガク ひたい
頂 ⑥	チョウ いただく
預 ⑥	ヨ あずける

頂・預

頂

なりたち

「丁(くぎが直角につき当たること)」と「頁(あたま)」を合わせた字。頭のてっぺんを表す。また、いちばん高い所の意味も表す。

読み方
チョウ
いただく
いただき

意味
・いちばん高い所
・高い所に物をのせる

練習 ↑はねる

11画

❶ 「頂」を書きましょう。

ちょう じょう □上。

いただ □く。

❷ 読みがなを書きましょう。

山の頂上。( )

おくり物を頂く。( )

預

なりたち

「予(のび出てゆとりがある)」と「頁(人の頭)」を合わせた字。もとは、ゆとりができたことを表す。後に、ゆとりができたものをあずけることを表す。

読み方
ヨ
あずける
あずかる

意味
・物などを置かせてもらう
・まかせる

練習 ↑はねる

13画

❶ 「預」を書きましょう。

よ きん □金。

あず □ける。

❷ 読みがなを書きましょう。

銀行の預金通帳。( )

荷物を預ける。( )

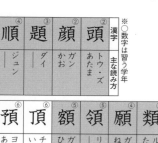

38 「攵《ぼくにょう》《ぼくづくり》」のつく漢字

攵

なりたち

「攵《ぼくにょう》《ぼくづくり》」は、ぼうを手で持ってたたく様子をえがいた形で、動作を表す記号に使います。

「攵」のつく漢字には、動作などに関係するものがあります。

※○数字は習う学年

漢字	主な読み方
教②	キョウ おしえる おそわる
数②	スウ かず かぞえる
放③	ホウ はなす ほうる
整③	セイ ととのう
改④	カイ あらためる
敗④	ハイ やぶれる
散④	サン ちる
故⑤	コ （ゆえ）
政⑤	セイ （まつりごと）
救⑤	キュウ すくう
敬⑥	ケイ うやまう
敵⑥	テキ （かたき）

敬・敵

敬

なりたち
「茍（羊の角にふれて、おどろいて体をひきしめる）」と「攵（動作の印）」を合わせた字。身分の高い人に体をひきしめてうやまうことを表す。

12画

練習　↑はねる

読み方
ケイ
うやまう

意味
・相手をりっぱに思い、礼ぎ正しくする

1 「敬」を書きましょう。

そんけい
尊□。

うやま
親を□う。

2 読みがなを書きましょう。

尊敬（　　）する人物。

親を敬（　　）う気持ち。

敵

なりたち
「啇（ばらばらのものを一つにまとめる）」と「攵（動作の記号）」を合わせた字。目標をしぼり、まともに向かい合って戦うてきを表す。

15画

練習　↑はねる

読み方
テキ
（かたき）

意味
・戦う相手

1 「敵」を書きましょう。

きょうてき
強□。

むてき
無□。

2 読みがなを書きましょう。

強敵（　　）をたおす。

無敵（　　）のチーム。

39 「辶《しんにゅう／しんにょう》」のつく漢字

辶

なりたち

「辶《しんにゅう／しんにょう》」は、十字路の半分と足の形とを合わせてできた形で、「いく・すすむ」の意味を表します。

「辶」のつく漢字には、道や進むことに関係するものが多くあります。

※2・3年の漢字は省略
※○数字は習う学年

漢字	主な読み方
辺④	ヘン あたり べ
連④	レン つらなる つれる
達④	タツ ―
選④	セン えらぶ
述⑤	ジュツ のべる
逆⑤	ギャク さからう
迷⑤	（メイ） まよう
造⑤	ゾウ つくる
過⑤	カ すぎる
適⑤	テキ ―
退⑥	タイ しりぞく
遺⑥	イ （ユイ） ―

退・遺

退

なりたち
「辶（進む）」と「艮（足を逆にして引き下がること）」を合わせた字。後ろの方へ進む、引き下がることを表す。

9画

練習 とめる←

読み方
タイ
しりぞく
しりぞける

意味
・後ろへ下がる

❶ 「退」を書きましょう。

たいいん
□院。

しりぞ
□く。

❷ 読みがなを書きましょう。

姉が退院する。（　　　）

準決勝で退く。（　　　）

遺

なりたち
「辶（行く）」と「貴（目立って大きい大切な金品）」を合わせた字。人が行った後に、忘《わす》れた物が目立って、残っていること。

15画

練習 ↖長く

読み方
イ
（ユイ）
―

意味
・残る
・後に残す
・わすれる

❶ 「遺」を書きましょう。

いでん
□伝。

文化いさん
文化□産。

❷ 読みがなを書きましょう。

遺伝の研究。（　　　）

文化遺産の保護。（　　　）

ドリル

1つ・5点

点

1 ――線の漢字の読みがなを書きましょう。

① 山の頂上に登る。（　　）

② 荷物を預ける。（　　）

③ 市長を退く。（　　）

④ 尊敬する人。（　　）

⑤ 遺伝の研究。（　　）

⑥ おくり物を頂く。（　　）

⑦ 敬いの心。（　　）

⑧ 市の文化遺産。（　　）

⑨ 雪を頂く山々。（　　）

⑩ 敵のこうげき。（　　）

2 読みがなにあう漢字を書きましょう。

① ［　　］《いでん》の研究。

② ［　　］《たいいん》する。

③ ［　　］《そんけい》する人。

④ ［　　］《よきん》通帳。

⑤ 山の［　　］《ちょうじょう》。

⑥ 祖母を［　］《うやま》う。

⑦ 文化［　　］《いさん》。

⑧ 食事を［　］《いただ》く。

⑨ ［　　］《むてき》の強さ。

⑩ かさを［　］《あず》ける。

まとめドリル

点

1つ・5点

1 読みがなにあう漢字を書きましょう。

① ピアノの演《えん》□《そう》。

② つり□《せん》。

③ 強《きょう》□《てき》に勝つ。

④ 裁《さい》ほうの□《はり》。

⑤ おかしを□《いただ》く。

⑥ 火山《かざん》□《ばい》が降《ふ》る。

⑦ □《し》力《りょく》の検査。

⑧ 内《ない》□《かく》総理大臣。

⑨ 興《こう》□《ふん》した試合。

⑩ 文化□《い》産《さん》。

2 読みがなにあう漢字を書きましょう。

① □□《ぎゅう　にゅう》。

② □□《てん　らん》会《かい》。

③ □□□《はん　じゅく　たまご》。

④ □□《き　けん》な道路。

⑤ □□《てっ　こう》業《ぎょう》。

⑥ □□《たい　いん》する。

3 次のことばを漢字と送りがなで〔　〕に書きましょう。

① 〔　　〕《うやまう》心。

② 服が〔　　〕《みだれる》。

③ 窓《まど》を〔　　〕《しめる》。

④ かさを〔　　〕《あずける》。

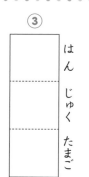

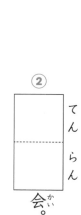

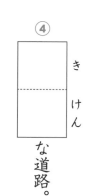

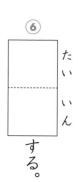

40 二つ(右と左)に分かれる漢字

収・幼・段・班・朗・欲・
勤・疑・難・就・糖・臨・

これまでに学習した、「亻(にんべん)」「扌(てへん)」、「刂(りっとう)」「阝(おおざと)」などのつく漢字の多くは、右と左の部分に分かれる漢字です。このような右と左の部分が合わさってできた漢字は、ほかにもたくさんあります。

ここでは、六年生で習う下の十二の漢字を覚えましょう。

漢字	主な読み方
収	シュウ おさめる
幼	ヨウ おさない
段	ダン —
班	ハン —
朗	ロウ (ほがらか)
欲	ヨク (ほしい)
勤	キン つとめる
就	シュウ (つく)
疑	ギ うたがう
糖	トウ —
難	ナン むずかしい
臨	リン (のぞむ)

収

なりたち
「刂(二本のひもを一つによじり合わせる)」と「又(て)」を合わせた字。ばらばらになっているものを一つにまとめておさめることを表す。

読み方
シュウ
おさめる
おさまる

意味
・受け入れる
・お金が入る
・整える

4画
収 収 収 収

練習
収 収

1 「収」を書きましょう。

水分の吸《きゅう》□《しゅう》。

□《しゅう》入《にゅう》と支出。

勝利を□《おさ》める。

成功を□《おさ》める。

2 読みがなを書きましょう。

水分の吸収。(　　)

収入と支出。(　　)

勝利を収める。(　　)

成功を収める。(　　)

幼

なりたち
「幺(細く小さい糸)」と「力(ちから)」を合わせた字。力の弱い、小さい子供《こども》を表す。また、そこから、おさないという意味も表す。

読み方	意味
ヨウ おさない	•年れいが少ない

5画
幼 幼 幼 幼 幼

練習
幼 幼 (つき出す)

1 「幼」を書きましょう。

ちょうの［よう］［虫（ちゅう）］。

［よう］稚園《ちえん》の先生。

［おさな］い妹と遊ぶ。

［おさな］なじみの子。

2 読みがなを書きましょう。

ちょうの幼虫。（　　）

幼稚園《ちえん》の先生。（　　）

幼い妹と遊ぶ。（　　）

幼なじみの子。（　　）

段

なりたち
「[illegible](上から下へ、だんだんにたらす)」と「殳(動作の印)」を合わせた字。上から下へ一だん一だんおりる階だんの意味を表す。

読み方	意味
ダン ―	•階だん •区切り •やり方 •うで前の等級

9画
段 段 段 段 段 段 段 段 段

練習
段 段 (出す)

1 「段」を書きましょう。

長い［階（かい）］［（だん）］。

文章の［（だん）］［落（らく）］。

［手（しゅ）］［（だん）］をつくす。
（いろいろなやり方をしつくす）

柔道《じゅうどう》の［初（しょ）］［（だん）］。

2 読みがなを書きましょう。

長い階段。（　　）

文章の段落。（　　）

手段をつくす。（　　）

柔道《じゅうどう》の初段をとる。（　　）

班

なりたち 「王(玉の略)」二つと「刂(かたな)」を合わせた字。二つに切り分けることから、全体を分けた一つ一つのグループを表す。

読み方 ハン

意味 一つ一つの組、グループ

10画 班 班 班 班 班

練習 班 班（はらう）

1 「班」を書きましょう。

学級の［はん］。

［はん］長《ちょう》。

遺跡《いせき》の［ちょう　さ　はん］。

2 読みがなを書きましょう。

学級の班。（　　）

班長を決める。（　　）

遺跡《いせき》の調査班。（　　）

朗

なりたち 「良(清らか)」と「月(つき)」を合わせた字。月が清くすんでいることから、はればれと明るい、ほがらかな意味を表す。

読み方 ロウ　(ほがらか)

意味 明るい様子

10画 朗 朗 朗 朗 朗

練習 朗 朗（とめる）

1 「朗」を書きましょう。

［ろう］読《どく》。

明《めい》［ろう］。（気持ちが明るい様子）

思いがけない［ろう］報《ほう》。（思いがけないよい知らせ）

2 読みがなを書きましょう。

詩の朗読。（　　）

明朗な性格。（　　）

思いがけない朗報。（　　）

何をおさめる?

129ページに「収《おさ》める」とありますが、「おさめる」には次のようなものもあります。

◎「治める」…しずめる。支配する。
・痛《いた》みを治める。国を治める。

◎「修める」…学ぶ。身につける。心や行いを正しくする。
・医学を修める。身を修める。

◎「納める」…受け取り人にわたす。はらいこむ。
・品物を納める。税金を納める。

◎「収める」…きちんとしまう。自分のものにする。
・勝利を収める。成功を収める。

ドリル

点

1つ・5点

1 ——線の漢字の読みがなを書きましょう。

① 班に分ける。（　　）

② 水分の吸収。（　　）

③ 文章の段落。（　　）

④ 幼稚園《ちえん》の先生。（　　）

⑤ 成功を収める。（　　）

⑥ 詩の朗読。（　　）

⑦ 幼なじみの子。（　　）

⑧ 空手《からて》の初段。（　　）

⑨ 明朗な性格。（　　）

⑩ 事件の調査班。（　　）

2 読みがなにあう漢字を書きましょう。

① 昆虫《こんちゅう》の□□（ようちゅう）。

② 学級の□（はん）。

③ □□（かいだん）を上がる。

④ □□（しゅうにゅう）と支出。

⑤ 最後の□□（しゅだん）。

⑥ □□（めいろう）な性格。

⑦ □□（はんちょう）を選ぶ。

⑧ 勝利を〔　　〕（おさ）める。

⑨ 詩の□□（ろうどく）。

⑩ 〔　　〕（おさな）い弟。

欲

なりたち
「谷（くぼんだ穴《あな》）」と「欠（おなかがすいて、体をかがめる様子）」を合わせた字。おなかがからっぽになって、何かがほしいと思う気持ちを表す。

読み方
ヨク
（ほっする）
（ほしい）

意味
•自分のものにしたいと思う

11画

練習　はらう

❶ 「欲」を書きましょう。

しょくよく［食□］がわく。

勉強への いよく［意□］。

よく［□］張《ば》りな人。

よくぼう［□望］を満たす。

❷ 読みがなを書きましょう。

（　　）食欲がわく。

勉強への意欲（　　）。

（　　）欲張りな人。

（　　）欲望を満たす。

勤

なりたち
「堇（動物を火で燃やして、かわかして粉々にする）」と「力（ちから）」を合わせた字。粉々になるほど力を出してつとめることを表す。

読み方
キン
（ゴン）
つとめる
つとまる

意味
•力をつくして働く
•仕事

12画

練習　はらう

❶ 「勤」を書きましょう。

きんむ［□務］する。

父が てんきん［転□］する。

商店に つと［□］める。

姉の つと［□］め先《さき》。

❷ 読みがなを書きましょう。

会社に（　　）勤務する。

父が（　　）転勤する。

商店に（　　）勤める。

姉の（　　）勤め先。

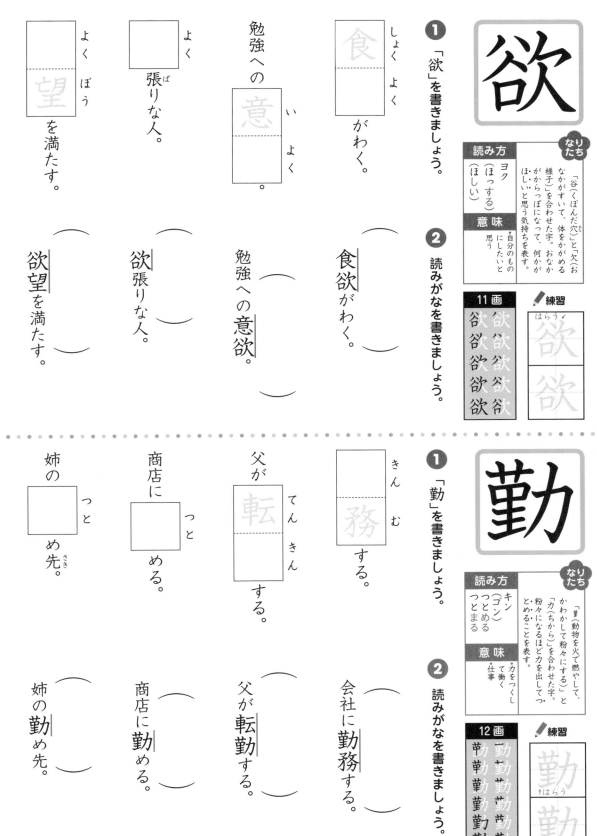

疑

なりたち
「𠤕（人がふり返って立ち止まる）」と「疋（子供《こども》が足を止める）」を合わせた字。子供のことが心配で、ためらうことから、うたがうことを表す。

読み方
ギ
うたがう

意味
・あやしむ
・本当がどうかわからない

14画

練習

1 「疑」を書きましょう。

人を□《うたが》う。

□《うたが》いをもつ。

□《ぎ》問《もん》に思う。

質《しつ》□《ぎ》応答《おうとう》。（質問とそれに対する答え）

2 読みがなを書きましょう。

人を疑う。（　　）

疑いをもつ。（　　）

疑問に思う。（　　）

質疑応答を始める。（　　）

難

なりたち
「𦰩（動物を火であぶる）」と「隹（ずんぐりした鳥）」を合わせた字。鳥を火であぶることから、火であぶられるようなわざわいを表す。

読み方
ナン
（かたい）
むずかしい

意味
・かん単にいかない
・わざわい
・なじる

18画

練習
↑とめる

1 「難」を書きましょう。

困《こん》□《なん》に打ち勝つ。

□《なん》問《もん》を解く。

□《むずか》しい本を読む。

優勝《ゆうしょう》は□《むずか》しい。

2 読みがなを書きましょう。

困難に打ち勝つ。（　　）

難問を解く。（　　）

難しい本を読む。（　　）

優勝は難しい。（　　）

ドリル

1つ・5点

点

1 ――線の漢字の読みがなを書きましょう。

① 困難に打ち勝つ。（　　）

② 商店に勤める。（　　）

③ 欲張《ば》りな人。（　　）

④ 質疑応答。（　　）

⑤ 会社に勤務する。（　　）

⑥ 難しい本。（　　）

⑦ 疑いをもつ。（　　）

⑧ 欲望を満たす。（　　）

⑨ 難問が多い。（　　）

⑩ 姉の勤め先《さき》。（　　）

2 読みがなにあう漢字を書きましょう。

① しょくよく［　　］がわく。

② 父のてんきん［　　］。

③ ぎもん［　　］をもつ。

④ 学習いよく［　　］。

⑤ なんもん［　　］を解く。

⑥ 耳をうたが［　　］う。

⑦ きんむ［　　］時間。

⑧ 優勝《ゆうしょう》はむずか［　　］しい。

⑨ 強いよくぼう［　　］。

⑩ 出版社につと［　　］める。

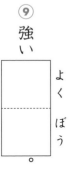

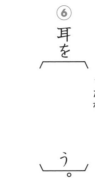

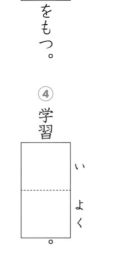

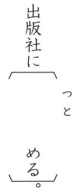

就

なりたち
「京（大勢の人が集まる都）」と「尤（手を曲げて引きよせる）」を合わせた字。引きよせて、一つのまとまりにすることを表す。

読み方
シュウ
（ジュ）
（つく）
（つける）

意味
●ある役わり・地位に身をおく

練習
就 はねる↑
就

12画

❶「就」を書きましょう。

□《しゅう》職《しょく》。

□《しゅう》任《にん》式《しき》。

□《しゅう》学《がく》する。（小学校に通い始める）

❷ 読みがなを書きましょう。

就職（　　）試験。 就任（　　）式。

六歳《さい》で就学（　　）する。

糖

なりたち
「米（こめ）」と「唐（かたい穀《こく》物をくだいてとかす）」を合わせた字。さとうきびなどをとかしてつくったさとうを表す。

読み方
トウ
―

意味
●あま味のもとになる成分や食品

練習
糖 つき出す
糖

16画

❶「糖」を書きましょう。

砂《さ》□《とう》。

製《せい》□《とう》工場。（さとうをつくる工場）

□《とう》分《ぶん》をひかえる。

❷ 読みがなを書きましょう。

砂糖（　　）を入れる。 製糖（　　）工場。

糖分（　　）をひかえる。

臨

なりたち
「臣（下を見ている目）」と「𠂉（ひと）」と「品（いろいろな物）」を合わせ、人が高い所から下にあるものを見下ろすことを表す。

読み方
リン
（のぞむ）

意味
●その場所にある、その場にいる

練習
臨 「𠂉」としない
臨

18画

❶「臨」を書きましょう。

□《りん》時《じ》。

□《りん》海《かい》。（海のそばや近くであること）

□《りん》場《じょう》感《かん》がある。

❷ 読みがなを書きましょう。

臨時（　　）ニュース。 臨海（　　）学校。

臨場（　　）感がある。

ドリル

点

1つ・5点

❶ ――線の漢字の読みがなを書きましょう。

① 砂糖を入れる。（　　）

② 臨場感《かん》がある。（　　）

③ 製糖工場。（　　）

④ 会社に就職する。（　　）

⑤ 就任する。（　　）

⑥ 糖分をひかえる。（　　）

⑦ 臨時ニュース。（　　）

⑧ 就職活動をする。（　　）

⑨ 六歳《さい》で就学する。（　　）

⑩ 臨海学校。（　　）

❷ 読みがなにあう漢字を書きましょう。

① 製《せい》［とう］の技術。

② ［しゅう しょく］活動。

③ ［りん じ］休業。

④ ［とう ぶん］が多い。

⑤ ［しゅう にん］式《しき》。

⑥ ［りん じょう］感。

⑦ あまい［さ とう］。

⑧ ［しゅう がく］する。

⑨ ［りん かい］学校。

⑩ ［せい とう］工場。

まとめドリル

点

1つ・5点

1 読みがなにあう漢字を書きましょう。

① □《おさな》さの残る顔。

② 階《かい》□《だん》を上る。

③ 詩の□《ろう》読《どく》。

④ 学級の□《はん》。

⑤ 父の転《てん》□《きん》。

⑥ □《ぎ》問《もん》に答える。

⑦ 食《しょく》□《よく》がわく。

⑧ □《しゅう》職《しょく》する。

⑨ □《とう》分《ぶん》が少ない。

⑩ 困《こん》□《なん》に打ち勝つ。

2 読みがなにあう漢字を書きましょう。

① あまい□□《さとう》。

② ちょうの□□《ようちゅう》。

③ □□《はんちょう》になる。

④ □□《りんかい》学校。

⑤ □□《きゅうしゅう》する。

⑥ 文章の□□《だんらく》。

3 次のことばを漢字と送りがなで〔　〕に書きましょう。

① 勝利を〔　　〕《おさめる》。

② 会社に〔　　〕《つとめる》。

③ 〔　　〕《むずかしい》問題。

④ 目を〔　　〕《うたがう》。（信じられなく思う）

41 二つ（上と下）に分かれる漢字

姿・皇・蚕・党・異・幕・翌・署・聖

「宀（うかんむり）」「艹（くさかんむり）」「⺮（たけかんむり）」や、「心（こころ）」などのつく漢字の多くは、上と下の部分に分かれる漢字です。このような上と下の部分が合わさってできた漢字は、ほかにもたくさんあります。

ここでは、六年生で習う下の九つの漢字を覚えましょう。

白
王

上の部分は「かんむり」や「かしら」、下の部分は「あし」とよぶよ。

漢字	主な読み方
皇	コウ・オウ
姿	シ すがた
蚕	サン かいこ
党	トウ
異	イ こと
翌	ヨク
署	ショ
聖	セイ
幕	マク・バク

姿

読み方
シ
すがた

意味
•体つき、かっこう
•ありさま

なりたち
「次（人がしゃがんで物をそろえている様子）」と「女（おんな）」を合わせた字。女の人が身づくろいをしているすがたを表す。

9画
姿 姿 姿 姿 姿 姿 姿 姿 姿

練習
姿（はらう）
姿

1 「姿」を書きましょう。

すがた□を現す。

父の後《うし》ろすがた□。

よいしせい□勢。

美しいようし容□。（顔形やすがた）

2 読みがなを書きましょう。

太陽が姿（　　）を現す。

父の後ろ姿（　　）。

よい姿勢（　　）で聞く。

美しい容姿（　　）。

皇

なりたち
「白（鼻を簡単《かんたん》にした「自」。体のいちばん前、いちばん初め）」と「王（おう）」を合わせた字。国のいちばん初めの人を表す。

読み方	
コウ	
オウ	
意味	
・天のうに関することにつけることば	

練習（長く）　皇　皇

9画
皇 皇 皇 皇 皇 皇 皇 皇 皇

1 「皇」を書きましょう。

てんのう　天［　　］。

こうしつ　［　　］室。

こうきょ　［　　］居のおほり。

※「天皇」では、「オウ」が「ノウ」という読み方になる。

2 読みがなを書きましょう。

（天のうの住まい（東京）にあるほり）

（　　）天皇陛下《へいか》。

（　　）皇室の行事。

（　　）皇居のおほり。

蚕

なりたち
もとの字は「蠶」。「朁（かみの毛の間にもぐる）」と「蚰（むしを二つ）」を合わせた字。くわの葉の中にもぐる虫、かいこを表す。

読み方	
サン	
かいこ	
意味	
・かいこがのよう虫	

練習（↑下より長く）　蚕　蚕

10画
蚕 蚕 蚕 蚕 蚕 蚕 蚕 蚕 蚕 蚕

1 「蚕」を書きましょう。

かいこ　［　　］のまゆ。

ようさん　養［　　］。

2 読みがなを書きましょう。

（まゆをとるためにかいこを飼うこと）

（　　）蚕のまゆから絹《きぬ》をつくる。

（　　）養蚕を営む農家。

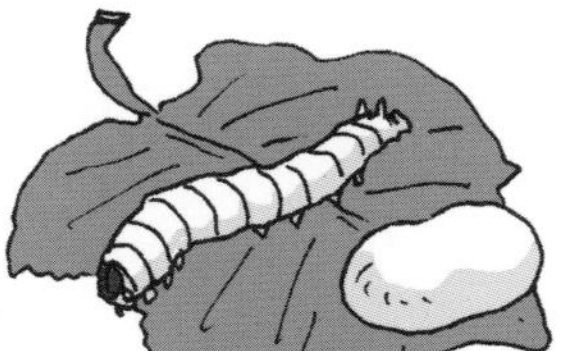

党

なりたち
もとの字は「黨」。「尚（トウ」という音で、仲間のこと）」と「黑（くろい）」を合わせた字で、仲間の人を表す。

読み方	
トウ	
意味	
・仲間	
・同じ考えをもつ政治家集団	

練習（はねる↑）　党　党

10画
党 党 党 党 党 党 党 党 党 党

1 「党」を書きましょう。

せいとう　政［　　］。

ととう　徒［　　］を組む。

とうは　［　　］派。

2 読みがなを書きましょう。

（何かするために仲間が集まる）

（　　）政党の結成。（　　）党派に分かれる。

（　　）徒党を組む。

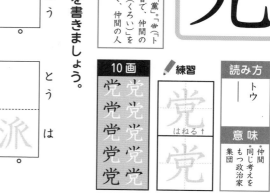

ドリル

1つ・5点　　点

❶ ——線の漢字の読みがなを書きましょう。

① 山が姿を現す。（　　）
② 政党の結成。（　　）
③ 蚕のまゆ。（　　）
④ 天皇陛下《へいか》。（　　）
⑤ 党派に分かれる。（　　）
⑥ よい姿勢で歌う。（　　）
⑦ 養蚕を営む農家。（　　）
⑧ 徒党を組む。（　　）
⑨ すぐれた容姿。（　　）
⑩ 皇居のおほり。（　　）

❷ 読みがなにあう漢字を書きましょう。

① よい［しせい］。
② ［せいとう］の結成。
③ ［かいこ］の飼育。
④ ［こうきょ］のおほり。
⑤ 父の後ろ［すがた］。
⑥ ［とうは］に分かれる。
⑦ ［ようさん］農家。
⑧ ［てんのう］と皇后《こうごう》。
⑨ ［ととう］を組む。
⑩ 美しい［ようし］。（顔形やすがた）

異

なりたち
大きな頭を両手で持っている姿《すがた》をえがいた字。片手《かたて》でなくて、もう一つの手をそえていることから、もう一つのちがったことを表す。

読み方	意味
イ こと	・ちがう ・特別の ・ふつうでない

11画
異 異 異 異 異 異 異 異 異 異 異

✎練習
異（長く）
異

❶ 「異」を書きましょう。

□《い》状《じょう》がない。

□《い》議《ぎ》を唱える。（ちがう意見を言う）

大きさが□《こと》なる。

種類が□《こと》なる。

❷ 読みがなを書きましょう。

異状がない。（　　）

異議を唱える。（　　）

大きさが異なる。（　　）

種類が異なる。（　　）

幕

なりたち
「莫（草原に太陽がしずむ様子。見えなくなること）」と「巾（ぬの）」を合わせた字。ものをかくして見えなくする布、まくのことを表す。

読み方	意味
マク バク	・物をおおう布 ・ばく府のこと

13画
幕 幕 幕 幕 幕 幕 幕 幕 幕 幕 幕 幕 幕

✎練習
幕（はねる）
幕

❶ 「幕」を書きましょう。

舞台《ぶたい》の□《まく》が開く。

感動的な□《まく》切《ぎ》れ。

江戸《えど》□《ばく》府《ふ》。

□《ばく》末《まつ》の混乱《こんらん》。（江戸幕府の終わりの混乱）

❷ 読みがなを書きましょう。

舞台《ぶたい》の幕が開く。（　　）

感動的な幕切れ。（　　）

江戸《えど》幕府を開く。（　　）

幕末の混乱。（　　）

翌

なりたち

「羽（二枚《まい》のつばさ）」と「立（たつ）」を合わせた字。片方《かたほう》のつばさでは飛べないことから、もう一つ別のという意味を表す。

読み方 ヨク

意味 ・年・月・日などが次の

11画

練習 翌 翌（長く）

1 「翌」を書きましょう。

よくじつ ［　］日。

よくしゅう ［　］週。

よくねん ［　］年の大会。

2 読みがなを書きましょう。

遠足の翌日。（　　）

※「よくひ」とも読む。

翌週の予定。（　　）

翌年の大会。（　　）

※「よくとし」とも読む。

署

なりたち

「罒（あみ）」と「者（多くのものを集める）」を合わせた字。人が集まってあみの目のように区分けされた所で働く役所を表す。

読み方 ショ

意味 ・役所 ・役わり ・書き記す

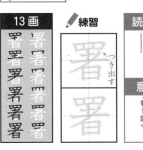

13画

練習 署 署（つき出す）

1 「署」を書きましょう。

しょ 消防《しょうぼう》［　］。

しょ 警察《けいさつ》［　］。

しょめい ［　］名する。（自分の名前を書く）

2 読みがなを書きましょう。

消防署。（　　）

警察署。（　　）

署名する。（　　）

聖

なりたち

「耳（みみ）」と「口（くち）」と「呈（まっすぐ）」を合わせた字。ものごとをまっすぐに正しく聞きとることのできる人の意味を表す。

読み方 セイ

意味 ・けがれのない ・神に関すること

13画

練習 聖 聖（長く）

1 「聖」を書きましょう。

せいか ［　］火。

せいしょ ［　］書。

しんせい 神［　］な場所。

2 読みがなを書きましょう。

聖火リレー。（　　）

聖書のことば。（　　）

神聖な場所。（　　）

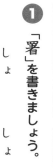

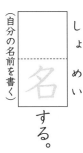

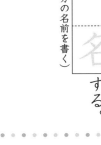

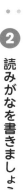

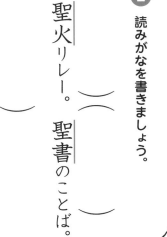

ドリル

□点
1つ・5点

❶ ――線の漢字の読みがなを書きましょう。

① 聖火が燃える。（　　）
② 大きさが異なる。（　　）
③ 感動的な幕切《ぎ》れ。（　　）
④ 消防署の職員。（　　）
⑤ 異状がない。（　　）
⑥ 神聖な場所。（　　）
⑦ 遠足の翌日。（　　）
⑧ 幕末の混乱《こんらん》。（　　）
⑨ 署名を集める。（　　）
⑩ 翌年卒業する。（　　）

❷ 読みがなにあう漢字を書きましょう。

① □《まく》が開く。
② □□《せいか》リレー。
③ □□《しょめい》する。
④ □□《いじょう》なし。
⑤ □□《よくじつ》の天気。
⑥ □□《ばくふ》の将軍《しょうぐん》。
⑦ □□《しんせい》な場所。
⑧ □□□《けいさつしょ》。
⑨ □□《よくしゅう》の行事。
⑩ 種類が□《こと》なる。

42 二つ(その他)に分かれる漢字

延・処・困・看・痛・厳

二つに分かれる漢字では、右と左に分かれるもの、上と下に分かれるもののほかに、次のような組み立てのものがあります。

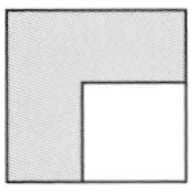
{原・痛 底・届

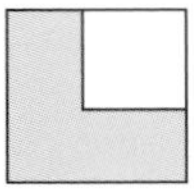
{辺・延 建・遺

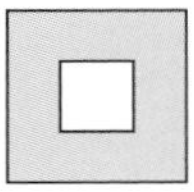
{因・困 団・国

{街・衛 術

ここでは、六年生で習う下の六つの漢字を覚えましょう。

漢字	処	困	延	看	痛	厳
主な読み方	ショ ―	コン こまる	エン のびる	カン ―	ツウ いたい	ゲン きびしい

延

読み方
エン
のびる
のべる
のばす

意味
・長くする
・期間を長びかせる

なりたち
「廴(長くのびた道)」と「ノ(のばす印)」と「止(あし)」を合わせた字。長くのびること、また、ひっぱってのばすことを表す。

8画
延 延 延 延 延 延 延 延

練習
延 延
つき出す↑

1 「延」を書きましょう。

□《えん》長《ちょう》する。

雨天《うてん》順《じゅん》□《えん》。
(雨なら予定の日を先にのばすこと)

三十分□《の》ばす。

地下鉄が□《の》びる。

2 読みがなを書きましょう。

放送を延長する。(　　)

雨天順延。(　　)

三十分延ばす。(　　)

地下鉄が延びる。(　　)

処

読み方	意味
ショ —	・始末する ・場所

なりたち　「夂（足の形）」と「几（台）」を合わせた字。もとは、足をとめて台にこしかける意味。後にある所に落ち着く意味になった。

5画

練習　つき出さない

❶ 「処」を書きましょう。

□分《しょぶん》する。

けがの□置《しょち》。

災害への対□《たいしょ》。
（災害に対する適切なしょ置）

□理《しょり》する。

❷ 読みがなを書きましょう。

本を処分する。（　　）

けがの処置。（　　）

災害への対処。（　　）

ごみを処理する。（　　）

困

読み方	意味
コン こまる	・どうしてよいかわからずに苦しむ

なりたち　「口（かこむ。しばる）」と「木（き）」を合わせた字。木がのびないようにしばることから、動けないで苦しんでこまる意味を表す。

7画

練習

❶ 「困」を書きましょう。

返事に□《こま》る。

□《こま》り果《は》てる。

□難《こんなん》な問題。

□《こん》わくした顔。
（どうしてよいかわからずにこまっている顔）

❷ 読みがなを書きましょう。

返事に困る。（　　）

困り果てる。（　　）

困難な問題。（　　）

困わくした顔。（　　）

ドリル

1つ・5点

点

1 ――線の漢字の読みがなを書きましょう。

① 困った問題。（　　）

② 困わくした顔。（　　）

③ 放送を延長する。（　　）

④ 古本を処分する。（　　）

⑤ 期限を延ばす。（　　）

⑥ 困難をのりこえる。（　　）

⑦ けがの処置。（　　）

⑧ 雨天順延。（　　）

⑨ 会議が延びる。（　　）

⑩ 対処の方法。（　　）

2 読みがなにあう漢字を書きましょう。

① □（こま）り果《は》てる。

② けがの□□（しょち）。

③ 災害への□□（たいしょ）。

④ □□（こんなん）な問題。

⑤ □□（えんちょう）戦《せん》になる。

⑥ □（こん）わくする。

⑦ 雨天□□（じゅんえん）。

⑧ 返事に〔　　〕（こま）る。

⑨ □□（しょぶん）する。

⑩ 集合時間を〔　　〕（の）ばす。

看

なりたち
「手（て）」と「目（め）」を合わせた字。目の上に手をかざして見ることから、注意して見守ることを表す。

読み方
カン

意味
・気を配って見守る
・注意して見る

練習 右から

9画
看看看看看看看看看

1 「看」を書きましょう。

かんばん □板。　かんびょう □病。

病院の かんごし □護師。

2 読みがなを書きましょう。

映画《えいが》の看板。（　）

母の看病。（　）

病院の看護師。（　）

痛

なりたち
「疒（病気）」と「甬（足で地面をつく）」を合わせた字。つきとおるような体のいたみを表す。

読み方
ツウ
いたい
いたむ
いためる

意味
・苦しく感じる
・はげしく

練習 はねる

12画
痛痛痛痛痛痛痛痛痛痛痛痛

1 「痛」を書きましょう。

頭が いた □い。　くつう 苦□。

つうかん □感する。（強く心に感じる）

2 読みがなを書きましょう。

頭が痛い。（　）

苦痛にたえる。（　）

力のなさを痛感する。（　）

厳

なりたち
もとの字は「嚴」。「吅（口やかましい）」と「厰（きびしくする）」を合わせた字。口やかましくきびしく言うことを表す。

読み方
ゲン
（ゴン）
（おごそか）
きびしい

意味
・いい加減でない様子

練習 点の向きに注意

17画
厳厳厳厳厳厳厳厳厳厳厳厳厳厳厳厳厳

1 「厳」を書きましょう。

きび □しい暑さ。　時間 げん □守《しゅ》。

げんじゅう □重な戸じまり。

2 読みがなを書きましょう。

厳しい暑さ。（　）

時間厳守。（　）

厳重な戸じまり。（　）

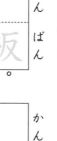

ドリル

1つ・5点　　点

❶ ——線の漢字の読みがなを書きましょう。

① 頭が痛い。（　　）
② 映画の看板。（　　）
③ 厳しい暑さ。（　　）
④ 苦痛にたえる。（　　）
⑤ 病院の看護師。（　　）
⑥ 時間厳守。（　　）
⑦ 痛み止《ど》めの注射《ちゅうしゃ》。（　　）
⑧ 看病をする。（　　）
⑨ 厳重な戸じまり。（　　）
⑩ 弱さを痛感する。（　　）

❷ 読みがなにあう漢字を書きましょう。

① □《きび》しい顔つき。
② □□《つうかん》する。
③ 店の□□《かんばん》。
④ □□《げんじゅう》な注意。
⑤ □□《くつう》にたえる。
⑥ □□□《かんごし》。
⑦ 時間□□《げんしゅ》。
⑧ ひざが（　）《いた》い。
⑨ □□《かんびょう》をする。
⑩ （　）《きび》しい寒さ。

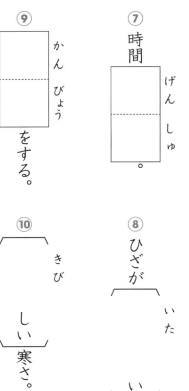

まとめドリル

点

1つ・5点

❶ 読みがなにあう漢字を書きましょう。

① □《こと》なる考え方。

② □《かいこ》のまゆ。

③ 遠足の□《よく》日《じつ》。

④ 工事を□《えん》期《き》する。

⑤ □《すがた》を現す。

⑥ □《まく》が閉《し》まる。

⑦ 天《てん》□《のう》陛下《へいか》。

⑧ □《い》状《じょう》がない。

⑨ 消防《しょうぼう》□《しょ》。

⑩ 政《せい》□《とう》の結成。

❷ 読みがなにあう漢字を書きましょう。

① 江戸《えど》□《ばく》□《ふ》。

② □《かん》□《びょう》する。

③ よい□《し》□《せい》。

④ □《せい》□《か》ランナー。

⑤ □《げん》□《じゅう》な注意。

⑥ ごみの□《しょ》□《り》。

❸ 次のことばを漢字と送りがなで〔　〕に書きましょう。

① 〔　〕《きびしい》父。

② 返事に〔　〕《こまる》。

③ 授業が〔　〕《のびる》。

④ 頭が〔　〕《いたい》。

43 二つに分けられない漢字

干・亡・片・冊・至・我・並・革・骨・衆・舌

これまでは、二つに分けられる漢字を取り上げてきましたが、分けられないものもあります。このような漢字の中には、二つの部分が組み合わさるときの部分になるものもあります。

干 → 刊・幹
亡 → 忘・望
片 → 版
至 → 室

「衆」の下の部分は、左のように、①→②→③の順で書くよ。

衆（②①③）

ここでは、六年生で習う、下の十一の漢字を覚えましょう。

漢字	干	亡	片	冊	至	舌	我	並	革	骨	衆
主な読み方	カン ほす	ボウ （ない）	（ヘン） かた	サツ —	シ いたる	（ゼツ） した	（ガ） われ	（ヘイ） なみ ならべる	カク （かわ）	コツ ほね	シュウ —

干

なりたち 先が二つに分かれたぼうの形をえがいた字。昔、ぼうで戦ったことから、相手とかかわることを表す。

読み方 カン ほす （ひる）

意味 ・水がなくなる、かわかす ・かかわる

3画 干 干 干

練習 干（上より長く） 干

1 「干」を書きましょう。

洗《せん》たく物を[　]《ほ》す。

梅《うめ》[　]《ぼ》し。

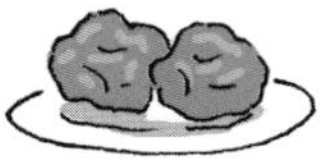

[　]《かん》潮《ちょう》の時刻《じこく》。（海水が引いて海面が低くなる時刻）

[　]《かん》害《がい》に苦しむ。（日照りで受けるひ害に苦しむ）

2 読みがなを書きましょう。

洗たく物を干す。（　　）

梅干しを食べる。（　　）

干潮の時刻。（　　）

干害に苦しむ。（　　）

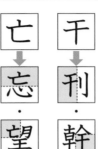

亡

なりたち 人がL型《エル》のかこいのかげに見えなくなる様子をえがいた字。人がなくなること、ほろびてなくなることを表す。

読み方 ボウ （モウ） （ない）

意味 •死ぬ •いなくなる、ほろびる

練習 はねない

3画 亡 亡 亡

❶「亡」を書きましょう。

し ぼう
死□者《しゃ》。

ぼう
逃《とう》□する。

ぼう
平家《へいけ》の滅《めつ》□。

❷ 読みがなを書きましょう。

事故の死亡者。（　　）（　　）

逃《とう》亡する。（　　）

平家の滅《めつ》亡。（　　）

片

なりたち 木を半分に切った、そのかた方の形をえがいた字。かた方という意味から、小さな切れはしのことを表す。

読み方 （ヘン） かた

意味 •二つのうちの一方 •ひとかけら

練習 おる

4画 片 片 片 片

❶「片」を書きましょう。

かた ほう
□方。

かた がわ
□側。

かた みち
□道五分かかる。

❷ 読みがなを書きましょう。

片方のくつ。（　　）

片側に寄る。（　　）

片道五分かかる。（　　）

冊

なりたち 木や竹のふだをひもで横につないだ形をえがいた字。昔はこれに字を書いて書物としたので、本、書物の意味を表す。

読み方 サツ （サク）

意味 •書物 •書物を数えることば

練習 はねる

5画 冊 冊 冊 冊 冊

❶「冊」を書きましょう。

さつ
五《ご》□の本。

べっ さつ
別□。

さっ し
小《しょう》□子。（小さくてうすい書物）

❷ 読みがなを書きましょう。

五冊の本。（　　）

別冊の付録。（　　）

小冊子にした文集。（　　）

ドリル

点

1つ・5点

❶ ——線の漢字の読みがなを書きましょう。

① 洗《せん》たく物を干す。（　　）

② 犯人が逃《とう》亡する。（　　）

③ 道路の片側。（　　）

④ 何《なん》冊もの事典。（　　）

⑤ 平《へい》家《け》の滅《めつ》亡。（　　）

⑥ 干害に苦しむ。（　　）

⑦ 雑《ざっ》誌《し》の別冊付録。（　　）

⑧ 片道十分かかる。（　　）

⑨ 干潮の時《じ》刻《こく》。（　　）

⑩ 事故の死亡者《しゃ》。（　　）

❷ 読みがなにあう漢字を書きましょう。

① □□《かたほう》のくつ。

② □□《かんちょう》と満《まん》潮《ちょう》。

③ 事故の□□《しぼう》者。

④ □□《べっさつ》付録。

⑤ 日照りによる□□《かんがい》。

⑥ 犯人の逃《とう》□《ぼう》。

⑦ 一《いっ》□《さつ》の本。

⑧ □□《かたがわ》に寄る。

⑨ 平家の滅《めつ》□《ぼう》。

⑩ 洗たく物を（　　）《ほ》す。

至

なりたち
「一（まと）」に向かって矢がささることを表した字。目標に届《とど》くことを表す。後に、それ以上にない最高という意味も表すようになった。

読み方
シ
いたる

意味
・行き着く
・このうえなく

練習
至 至
長く

6画
至

1 「至」を書きましょう。

駅に□《いた》る道。

世界の□《いた》る所。（あらゆる所すべて）

□《し》急《きゅう》集まる。

□《し》近《きん》きょり。（ある所にたいへん近いきょり）

2 読みがなを書きましょう。

駅に至る道。（　　）

世界の至る所。（　　）

至急集まる。（　　）

至近きょり。（　　）

我

なりたち
ぎざぎざしたは・をした武器の形をえがいた字。昔、自分のことを「ガ」と言い、「我」が同じ音だったことから、自分の意味になった。

読み方
（ガ）
われ
（わ）

意味
・自分自身
・自分中心の考え

練習
我 我
わすれずに

7画
我 我

1 「我」を書きましょう。

□《われ》を忘《わす》れる。（自分のことを忘れるほど、何かに夢中になる）

□《われ》に返る。（はっと気がつく。正気にもどる）

□《われ》ながら感心する。

□《われ》先《さき》ににげる。

2 読みがなを書きましょう。

読書に我を忘れる。（　　）

はっと我に返る。（　　）

我ながら感心する。（　　）

我先ににげる。（　　）

並

なりたち
もとの字は「竝」。「立（人が両足でしっかりと立つこと）」を二つならべ、二人の人がならんで立っている様子をえがいた字。ならぶことを表す。

読み方
（ヘイ）
なみ
ならべる
ならぶ
ならびに

意味
・ならぶ
・同じくらい

8画

練習　長く

1 「並」を書きましょう。

桜の□《なみ》木《き》。

□《やま》□《な》み。

※「山並み」「町並み」などで使う場合は、送りがなの「み」をつける。

二列に□《なら》ぶ。

机《つくえ》を□《なら》べる。

2 読みがなを書きましょう。

桜の並木。（　　）

山並みが続く。（　　）

二列に並ぶ。（　　）

机を並べる。（　　）

革

なりたち
動物の皮をぴんと張った形をえがいた字。その皮のたるみをなくして、いろいろな物にすることから、あらためる意味を表す。

読み方
カク
（かわ）

意味
・皮を加工したもの
・あらためる

9画

練習　長く

1 「革」を書きましょう。

改《かい》□《かく》する。

技術の□《かく》命《めい》。

（技術が急に大きく変化して進歩すること）

□《かく》新《しん》的《てき》な考え。

（これまでのやり方などを改めて、新しくするような考え）

皮《ひ》□《かく》製品。

（動物の皮を加工した製品）

2 読みがなを書きましょう。

制度を改革する。（　　）

技術の革命。（　　）

革新的な考え。（　　）

皮革製品を買う。（　　）

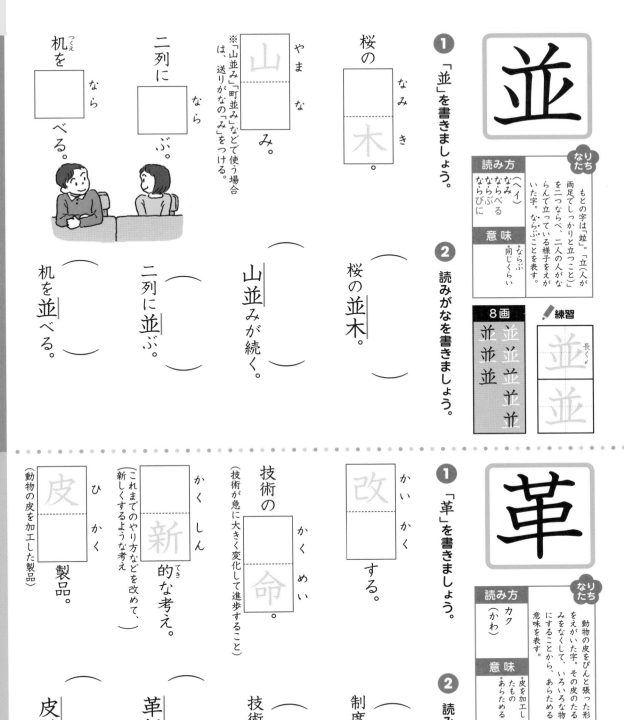

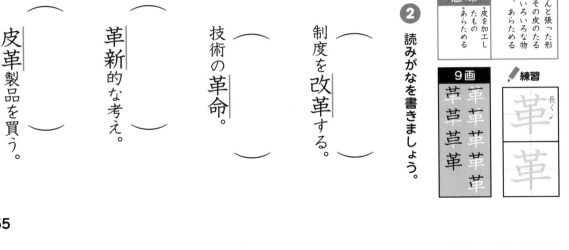

骨

なりたち
「冎（ほねの関節）」と「月（にく。体）」を合わせた字。動物の体のしんになるほねを表す。

読み方
コツ
ほね

意味
・ほね
・体
・中心となるもの

練習
骨 ←回としない

10画

❶「骨」を書きましょう。

魚の［　　］。（ほね）

［　　］組《ぐ》み。（ほね）

［　　］折。（こっせつ）

［　　］格。（こっかく）（動物のほね組み、体つき）

❷ 読みがなを書きましょう。

魚の骨。（　　）

家の骨組み。（　　）

骨折する。（　　）

鳥の骨格。（　　）

衆

なりたち
「血（「目」が変わった字。太陽のこと）」と「乑（三人の人）」を合わせた字。太陽の下で多くの人が働いていることから、たくさんの人の意味を表す。

読み方
シュウ
（シュ）

意味
・多くの人
・人数が多いこと

練習
衆 ←はねない

12画

❶「衆」を書きましょう。

民［　　］。（みんしゅう）

大［　　］。（たいしゅう）

観［　　］。（かんしゅう）

［　　］議院《ぎいん》。（しゅう）（国会の機関の一つ）

❷ 読みがなを書きましょう。

民衆の支持。（　　）

観衆が喜ぶ。（　　）

大衆文化。（　　）

衆議院。（　　）

舌

なりたち
「千（先が二またに分かれたぼう）」と「口（くち）」を合わせ、ぼうを使うように、口から出たり引っこんだりするしたを表す。

読み方
（ゼツ）
した

意味
・口の中のした

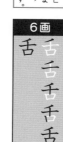

練習
舌 ←つける

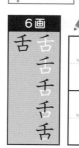

6画

❶「舌」を書きましょう。

［　　］を出す。（した）

［　　］が回る。（した）（ひっきりなしにしゃべる）

［　　］をまく。（した）（とてもおどろき、感心する）

❷ 読みがなを書きましょう。

舌を出す。（　　）

舌が回る。（　　）

見事なわざに舌をまく。（　　）

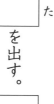

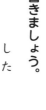

ドリル

1つ・5点

点

1 ―線の漢字の読みがなを書きましょう。

① 山並みが続く。（　　）

② 観衆のはく手《しゅ》。（　　）

③ 家の骨組《ぐ》み。（　　）

④ 舌が回る。（　　）

⑤ 大衆向けの雑誌《ざっし》。（　　）

⑥ 三列に並ぶ。（　　）

⑦ 駅に至る道。（　　）

⑧ 足を骨折する。（　　）

⑨ 制度の改革。（　　）

⑩ はっと我に返る。（　　）

2 読みがなにあう漢字を書きましょう。

① 魚の□（ほね）。

② □（した）をまく。

③ □□（しきゅう）集まる。

④ □□□（しゅうぎいん）。

⑤ 技術の□□（かくめい）。

⑥ 動物の□□（こっかく）。

⑦ □□（なみき）道《みち》。

⑧ 駅に（いた）る道。

⑨ □（われ）を忘《わす》れる。

⑩ 机《つくえ》を（なら）べる。

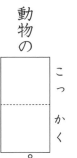

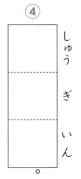

まとめドリル

□点

1つ・5点

1 読みがなにあう漢字を書きましょう。

① □《われ》を忘《わす》れる。

② 一《いっ》□《さつ》のノート。

③ 道路の□《かた》側《がわ》。

④ □《した》をまく。

⑤ □《ほね》が折れる。

⑥ 梅《うめ》□《ぼ》し。

⑦ □《かく》命《めい》をおこす。

⑧ 事故の死《し》□《ぼう》者《しゃ》。

⑨ □《かん》害《がい》に苦しむ。

⑩ □《し》急《きゅう》の呼《よ》び出し。

2 読みがなにあう漢字を書きましょう。

① □□《こっせつ》する。

② 桜《さくら》□□《なみき》。

③ □□《こうしゅう》トイレ。

④ 組織の□□《かいかく》。

⑤ □□《かたみち》。

⑥ 犬の□□《こっかく》。

3 次のことばを漢字と送りがなで〔　〕に書きましょう。

① 駅に〔　〕《いたる》。

② 遠い山《やま》〔　〕《なみ》。

③ 机《つくえ》を〔　〕《ならべる》。

④ ふとんを〔　〕《ほす》。

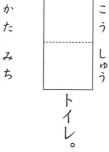

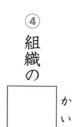

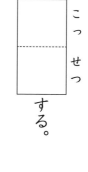

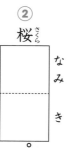

44 同じ部分をもつ漢字

先 → 洗
次 → 姿

上の漢字を見て、何か気づいたことはありませんか。
そうです。「洗」には「先」が、「姿」には「次」という字が入っています。

このような漢字をさがして、音の読み方を調べたり、字の形を比べたりしてみましょう。

少 → 秒・砂
司 → 詞・飼
直 → 値・植・置

「司・詞・飼」は、どれも、音は「シ」という読み方だよ。

◆ □の部分をえん筆でなぞりましょう。

共 — 番組の提《てい》供《きょう》。

不 — 否《ひ》定《てい》する。

市 — 肺《はい》の病気。

中 — 友達《ともだち》の忠《ちゅう》告《こく》。

明 — 加《か》盟《めい》店《てん》。

内 — 収《しゅう》納《のう》する。

間 — 簡《かん》単《たん》な問題。

原 — 水産資《し》源《げん》。

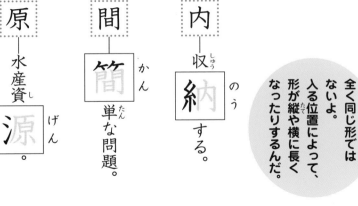

全く同じ形ではないよ。入る位置によって、形が縦《たて》や横に長くなったりするんだ。

ドリル①

□点
1つ・5点

❶ □の部分をもつ漢字を書きましょう。

① 少 ― 十《じゅう》□《びょう》間《かん》。公園の□《すな》場《ば》。

② 直 ― 果物《くだもの》の□《ね》段《だん》。かばんを□《お》く。

③ 方 ― 事故を□《ふせ》ぐ。家庭□《ほう》問《もん》。

④ 司 ― 校歌の歌《か》□《し》。金魚の□《し》育《いく》。

⑤ 軍 ― 合奏《がっそう》の指《し》□《き》者《しゃ》。バスの□《うん》転《てん》。

❷ 同じ部分をもつ漢字を書きましょう。

① 言《い》い□《わけ》する。―巻《ま》き□《じゃく》。

② 自《じ》□《こ》しょうかい。―二十一世《せい》□《き》。

③ □《よ》分《ぶん》な荷物。―ごみを取《と》り□《のぞ》く。

④ 劇《げき》を□《そう》作《さく》する。―□《そう》庫《こ》にしまう。

⑤ 長い文《ぶん》□《しょう》。―自転車が故《こ》□《しょう》する。

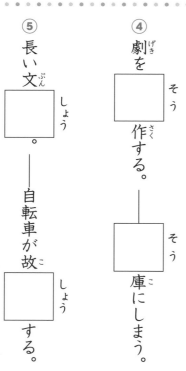

ドリル②

点

1つ・5点

❶ ⬚の部分をもつ漢字を書きましょう。

① 丁　県《けん》□《ちょう》の建物。山の□《ちょう》上《じょう》。

② 亡　かさを□《わす》れる。□《ぼう》遠鏡《えんきょう》。

③ 広　図を□《かく》大《だい》する。鉄《てつ》□《こう》石《せき》。

④ 非　□《かな》しい話。短歌と□《はい》句《く》。

⑤ 臣　□《りん》時《じ》列車。展《てん》□《らん》会《かい》の絵。

❷ 同じ部分をもつ漢字を書きましょう。

① 大きさを□《くら》べる。—映画《えいが》の□《ひ》評《ひょう》。

② 強い意《い》□《し》。—雑《ざっ》□《し》を読む。

③ □《ひっ》要《よう》な材料。—□《ひ》密《みつ》の場所。

④ □《すい》直《ちょく》な線。—速達□《ゆう》便《びん》。

⑤ □《えん》長《ちょう》試合。—□《たん》生会《じょうかい》。

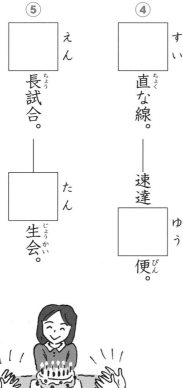

ドリル③

□点
1つ・5点

1 □の部分をもつ漢字を書きましょう。

① 成
- ご飯を□《も》る。□《せい》実《じつ》な人。

② 各
- バスの乗《じょう》□《きゃく》。駅までの□《りゃく》図《ず》。
- 明るい性《せい》□《かく》。内《ない》□《かく》総理大臣。

③ 者
- □《あつ》い日。貿易の□《しょ》問題《もんだい》。
- 本の□《ちょ》者《しゃ》。消防《しょうぼう》□《しょ》の建物。

2 同じ部分をもつ漢字を書きましょう。

① 新校《しんこう》□《しゃ》。——ごみを□《す》てる。

② 感《かん》□《しゃ》のことば。——予防注《ちゅう》□《しゃ》。

③ □《たて》と横。——指示に□《したが》う。

④ □《けい》察官《さつかん》の制服。——尊《そん》□《けい》する人物。

⑤ 冷《れい》□《ぞう》庫《こ》にしまう。——内《ない》□《ぞう》の検査。

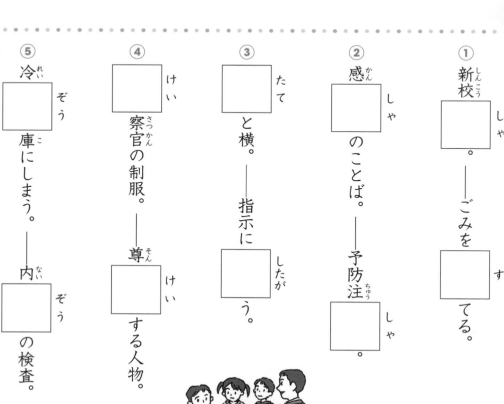

45 形が似ている漢字

老—考—孝

貨—貸—賃

派—脈

上の漢字を見てみましょう。よく似ているので、書きまちがえることも多いようです。

「耂」の下の部分に注目してみれば、それぞれのちがいに気づきます。単に、字形のちがいだけに注意するのではなく、それぞれの意味と使い方のちがいもはっきりさせて覚えることが大切です。簡単《かんたん》な用例で覚えるようにします。

・老人《ろうじん》。年老《としお》いる。
・参考書《さんこうしょ》。よく考《かんが》える。
・親孝行《おやこうこう》。親不孝《おやふこう》。

また、部首など同じ部分をもったために、字形が似ている漢字があります。

◆上と下の漢字で、ちがうところをえん筆でなぞりましょう。

① 自宅《じたく》に帰る。—宇宙《うちゅう》へ飛び出す。

② 苦《にが》い野菜。—若者《わかもの》たち。

③ 著《ちょ》名《めい》な人。—警察《けいさつ》署《しょ》の建物。

④ 腹《はら》が痛《いた》い。—国語の復習《ふくしゅう》。

⑤ 乗車《じょうしゃ》券《けん》。—巻末《かんまつ》の文章。

答え ①乇—于 ②古—右 ③艹—罒 ④月—彳 ⑤刀—己

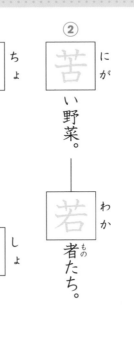

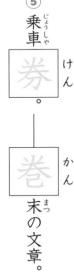

ドリル①

［　］点

1つ・5点

1 たりない部分を書きたして、正しい漢字にしましょう。

① ［木］《こう》舎《しゃ》の窓《まど》。──プリントの［木］《まい》数《すう》。

② ［艹］《にが》い薬。──［艹］《わか》い芽が出る。

③ ボールを［扌］《ひろ》う。──ごみを［扌］《す》てる。

④ 生け花の流《りゅう》［𠂢］《は》。──日本の山《さん》［𠂢］《みゃく》。

⑤ 運動会の［羽］《よく》日《じつ》。──学《がく》［羽］《しゅう》時間。

2 形に気をつけて、漢字を書きましょう。

① 静かな住《じゅう》［　］《たく》地《ち》。［　］《う》宙《ちゅう》飛行士。

② 弟が［　］《よろこ》ぶ。悪い点を改《かい》［　］《ぜん》する。

③ 理科の参《さん》［　］《こう》書《しょ》。［　］《ろう》人《じん》に席をゆずる。
親《おや》［　］《こう》行《こう》な子《こ》供《ども》の話。

④ かさを［　］《か》す。十円銅《どう》［　］《か》。
電《でん》車《しゃ》［　］《ちん》をもらう。

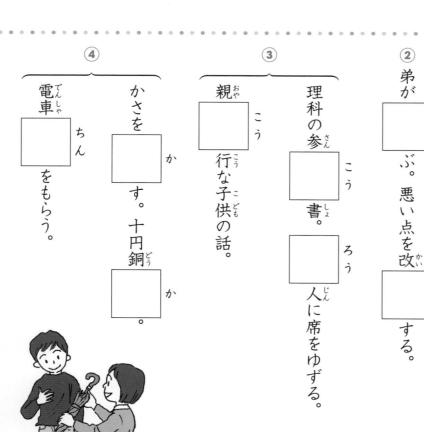

ドリル②

［　］点
1つ・5点

❶ たりない部分を書きたして、正しい漢字にしましょう。

① 息を［及］《す》う。―学《がっ》［及］《きゅう》委員。

② ［采］《ふか》いプール。―南極［采］《たん》検《けん》。

③ 害虫を［殳］《ころ》す。―［殳］《こく》物《もつ》の生産量。

④ 温《おん》［白］《せん》に入る。―［白］《こう》居《きょ》に入る門。

⑤ 一《いち》［侖］《りん》車《しゃ》。―結《けつ》［侖］《ろん》を出す。

❷ 形に気をつけて、漢字を書きましょう。

① しずくが［　］《た》れる。飛行機に［　］《の》る。

② ［　］《せん》門家《もんか》の意見。［　］《そん》敬《けい》する人。

③ ホテルの非《ひ》［　］《じょう》口《ぐち》。［　］《どう》々《どう》とした態度。
政《せい》［　］《とう》による政治。

④ 算数の［　］《ふく》習《しゅう》。［　］《ふく》雑《ざつ》な図。
山の中《ちゅう》［　］《ふく》で休む。

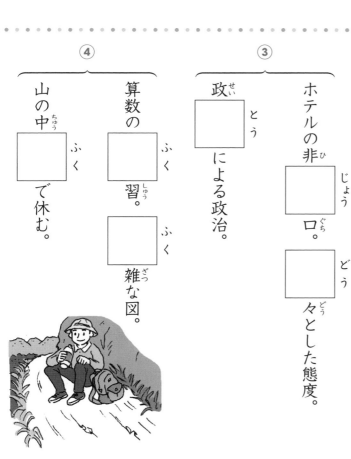

ドリル③

□点
1つ・5点

1 たりない部分を書きたして、正しい漢字にしましょう。

① 夏の海水《かいすい》氵《よく》。――太平洋氵《えん》岸《がん》。

② 事故の原《げん》口《いん》。――口《こん》難《なん》に打ち勝つ。

③ 医は亻《じん》術《じゅつ》。父の亻《し》事《ごと》。担《たん》亻《にん》の先生。

④ 天皇《てんのう》阝《へい》下《か》。阝《りく》上《じょう》競技。非常阝《かい》段《だん》。

2 形に気をつけて、漢字を書きましょう。

① 遊園地の入場《にゅうじょう》□《けん》。全集の第二《だいに》□《かん》。

② □《むずか》しい問題。父が□《きん》務《む》する会社。

③ 高い□《ねつ》が出る。風の□《いきお》いが強い。木の実が□《じゅく》す。

④ お寺の□《はか》。昔の□《く》らし。江戸《えど》□《ばく》府《ふ》の政治。

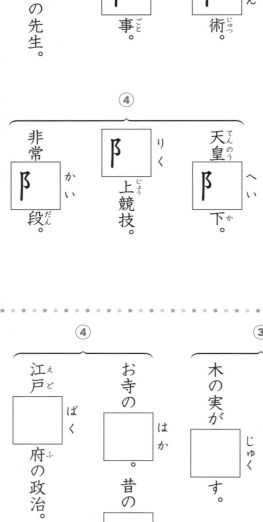

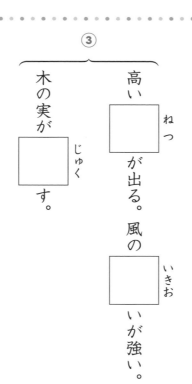

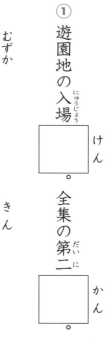

46 同じ読み方の漢字

次の——線の読み方の漢字を考えてみましょう。

・**運動会がえん期になる。**

「えん」という読み方の漢字は、これまでに八字習っていて、「えん期」ということばから、「延」が当てはまることが分かります。

・**あたたかい気候。**

気候の場合は「暖かい」を使い、「温かい」は料理などの場合に使います。

・**飛行機がかこうする。**

「かこう」ということばには、「下降・火口・加工・河口」があります。文の意味を考えて使わないと、おかしな文になってしまいます。

◆ ——線のことばを正しい漢字で書き表したほうに、○をつけましょう。

① こく物の貯蔵《ちょぞう》庫《こ》。　（　）刻物　（　）穀物

② 光が反しゃする。　（　）反射　（　）反捨

③ けが人の応急しょ置。　（　）処置　（　）諸置

④ 友達《ともだち》のちゅう告を聞く。　（　）宙告　（　）忠告

⑤ 意よく的《てき》に取り組む。　（　）意欲　（　）意翌

答え　①穀物　②反射　③処置　④忠告　⑤意欲　に○

ドリル①

□点

1つ・5点

1 □に当てはまる漢字を、〔　〕から選んで書きましょう。

① 〔勤・筋〕…鉄《てっ》□《きん》のビル。父の□《きん》務《む》先《さき》。

② 〔済・裁〕…□《さい》判《ばん》所《しょ》。救《きゅう》□《さい》活動。

③ 〔郵・優〕…□《ゆう》便《びん》局《きょく》。□《ゆう》勝《しょう》する。

④ 〔干・巻／看・簡〕

店の□《かん》板《ばん》。□《かん》潮《ちょう》の時《じ》刻《こく》。

□《かん》末《まつ》の付録。□《かん》潔《けつ》に表す。

2 ——線のように読む漢字を書きましょう。

① イ

体の□状《じょう》。県の文化《ぶんか》□産《さん》。

② ケン

□利《り》と義務。□法《ぽう》に定められる。

③ カク

道路の□張《ちょう》工事。技術の□命《めい》。

内《ない》□の組織を学ぶ。

④ キ

□険《けん》な場所。力を発《はっ》□する。

□重品《ちょうひん》をしまう。

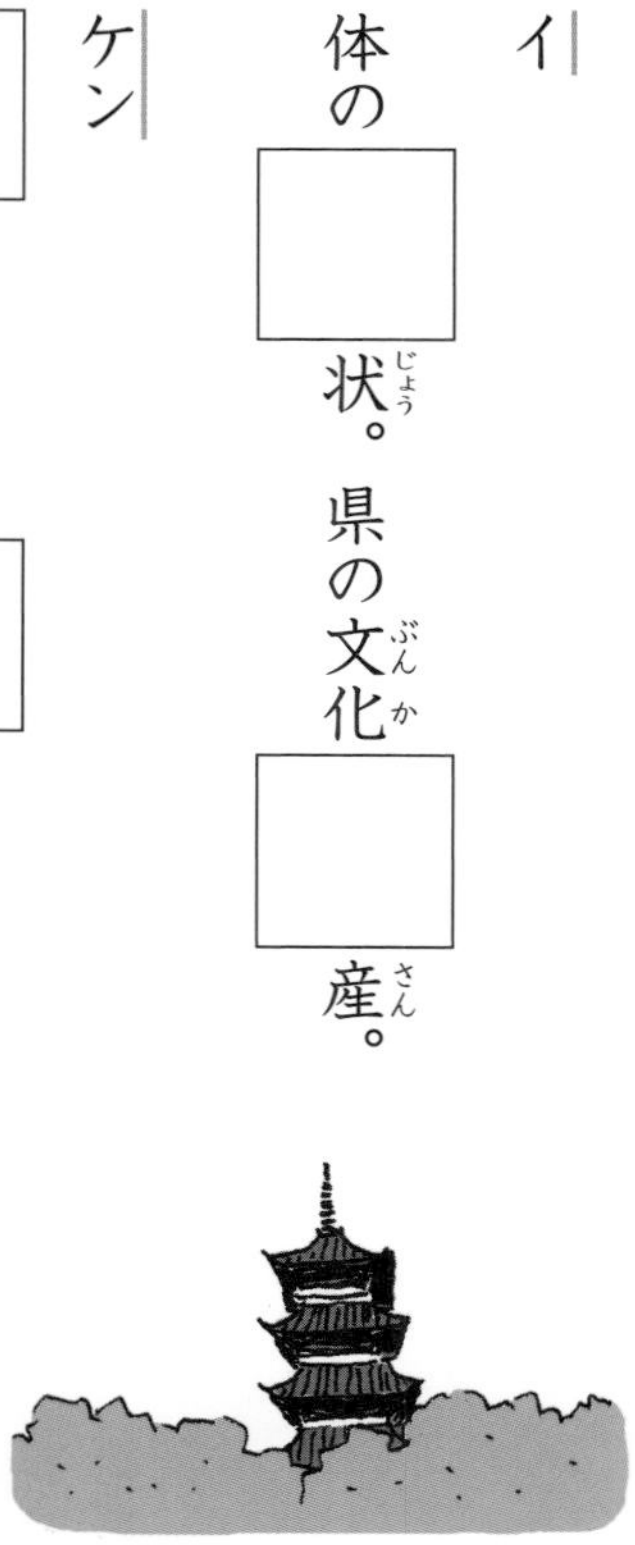

ドリル②

□点

1つ・5点

1 □に当てはまる漢字を、〔　〕から選んで書きましょう。

① 〔至・私　姿・視〕

□《し》有地《ゆうち》。□《し》力《りょく》の検査。

□《し》急《きゅう》の用事。□《し》勢《せい》がよい。

② 〔奏・窓　創・装　層・操〕

高《こう》□《そう》ビル。山登りの服《ふく》□《そう》。

同《どう》□《そう》会《かい》。ピアノの演《えん》□《そう》。

ラジオ体《たい》□《そう》。□《そう》立《りつ》記念日。

2 ――線のように読む漢字を書きましょう。

① キョウ

話題を提《てい》□する。□囲《い》を測る。

父の生まれ故《こ》□。

② ショウ

□来《らい》の夢。事故による負《ふ》□者《しゃ》。

□害物《がいぶつ》競走の選手。

③ セン

商品の□伝《でん》。歩行者《ほこうしゃ》□用《よう》の道路。

温《おん》□旅館《りょかん》。全自動《ぜんじどう》□たく機《き》。

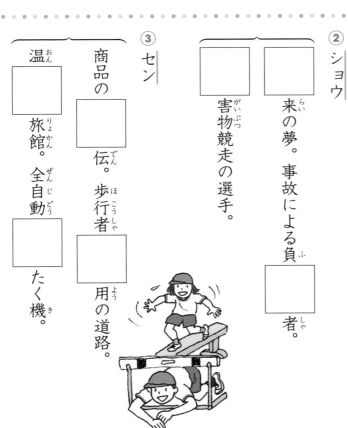

ドリル③

点

1つ・5点

1 □に当てはまる漢字を、〔 〕から選んで書きましょう。

① 〔収・宗 就・衆〕

家の□《しゅう》入《にゅう》。

□《しゅう》議《ぎ》院《いん》議員。

□《しゅう》職《しょく》試験。

□《しゅう》教《きょう》が伝わる。

② 〔孝・効 皇・紅 降・鋼〕

□《こう》茶《ちゃ》を飲む。

□《こう》鉄《てつ》のドア。

親《おや》□《こう》行《こう》をする。

□《こう》水《すい》確率。

□《こう》果《か》音《おん》。

□《こう》居《きょ》の映《えい》像《ぞう》。

2 ——線のように読む漢字を書きましょう。

① タン

□任《にん》の先生。妹の□生《じょう》日《び》。

□検《けん》家《か》の生がい。

② ヒ

□定《てい》的《てき》な意見。映《えい》画《が》の□評《ひょう》を読む。

アマゾンの□境《きょう》。

③ ハイ

手紙を□見《けん》する。物語の□景《けい》。

□活《かつ》量《りょう》を調べる。好きな□優《ゆう》。

ドリル④

□点
1つ・5点

1 □に当てはまる漢字を、〔　〕から選んで書きましょう。

① 〔住・済〕…都会に□《す》む。食事が□《す》む。

② 〔値・根〕…木の□《ね》。品物の□《ね》段《だん》。

③ 〔塩・潮〕…□《しお》からい味。□《しお》風《かぜ》がふく。

④ 〔供・備〕…お□《そな》え物《もの》。災害に□《そな》える。

⑤ 〔温・暖〕…□《あたた》かい毛布。□《あたた》かい料理。

2 ——線のように読む漢字を書きましょう。

① うつす

机《つくえ》を後ろに□す。文を書《か》き□す。

鏡に姿《すがた》を□す。

② つとめる

議長を□める。会社に□める。

早期の解決に□める。

③ おさめる

領地を□める。学問を□める。

成功を□める。税金を□める。

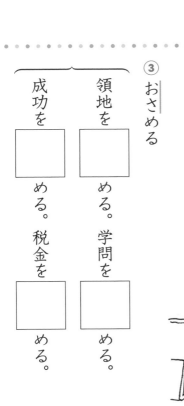

ドリル⑤

1つ・5点

点

1 □に当てはまる漢字を、〔　〕から選んで書きましょう。

① キリツ〔起立・規律〕
□□する。□□正しい生活。

② シキ〔士気・指揮〕
□□者《しゃ》。□□が高まる。（何かをしようとする意気ごみが高まる）

③ セイカ〔成果・聖火〕
□□台《だい》。練習の□□。

④ セイトウ〔政党・製糖〕
□□工場。□□による政治。

⑤ ヨウシ〔用紙・容姿〕
答案《とうあん》□□。□□たんれい。（顔やすがたが整っていて美しいこと）

2 ――線のように読む漢字を書きましょう。

① イコウ
明日□□の予定。相手の□□。（相手がどうしたいかという考え）

② カンケツ
物語の□□編《へん》。□□な文章。

③ コウシュウ
料理の□□会《かい》。□□トイレ。

④ ジコ
□□しょうかい。交通《こうつう》□□。

⑤ ソウゾウ
情景を□□する。天地《てんち》□□。

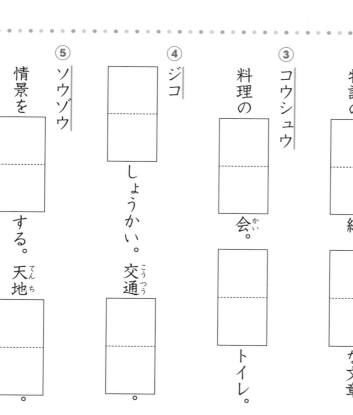

答え

「ドリル」「まとめドリル」の答えです。

1 「糸」のつくかん字

7ページ ドリル

❶ ①じゅんぱく ②こうちゃ ③けい ④じゅんしん ⑤くちべに ⑥かけい ⑦けいれつ ⑧じゅん ⑨べに ⑩けいとう

❷ ①紅白 ②単純 ③家系 ④口紅 ⑤純白 ⑥系 ⑦紅茶 ⑧純真 ⑨純 ⑩系列

10ページ ドリル

❶ ①たて ②たんしゅく ③おさ ④きぬいと ⑤ちぢ ⑥じゅうたい ⑦きぬおりもの ⑧しゅうのう ⑨そうじゅう ⑩しゅくしゃく

❷ ①絹 ②短縮 ③納入 ④絹織物 ⑤操縦 ⑥縮尺 ⑦縦 ⑧納 ⑨絹糸 ⑩縮

2 「手・扌」のつく漢字

14ページ ドリル

❶ ①おが ②す ③ひひょう ④たんとう ⑤しゃ ⑥はいけん ⑦かくちょう ⑧ひはん ⑨たんにん ⑩かくだい

❷ ①拡大 ②参拝 ③担任 ④拡張 ⑤分担 ⑥批判 ⑦捨 ⑧捨 ⑨批評 ⑩拝

17ページ ドリル

❶ ①さが ②すいしん ③しょう ④たんち ⑤すいてい ⑥そうさ ⑦はっき ⑧たんけん ⑨しょう ⑩たいそう

❷ ①発揮 ②体操 ③推理 ④探知 ⑤探検(探険) ⑥承知 ⑦操縦 ⑧推 ⑨指揮 ⑩探

18ページ まとめドリル

❶ ①系 ②絹 ③批 ④縦 ⑤捨 ⑥納 ⑦推 ⑧揮 ⑨純 ⑩拝

❷ ①拡大 ②紅茶 ③承知 ④担任 ⑤探検(探険) ⑥操縦

❸ ①捨てる ②納める ③縮む ④拝む

3 「言」のつく漢字

21ページ ドリル

❶ ①ほうもん ②けんとう ③わけ ④かし ⑤とうろん ⑥たんぼう ⑦けいようし ⑧つうやく ⑨たず ⑩とうぎ

❷ ①歌詞 ②通訳 ③検討 ④訪問 ⑤探訪 ⑥動詞 ⑦訳 ⑧討議 ⑨討論 ⑩訪

24ページ ドリル

❶ ①せいじつ ②ごかい ③げっかんし ④みと ⑤あやま ⑥せいしん ⑦みと ⑧ざっし ⑨ちゅうせい ⑩ごじ

❷ ①日誌 ②誠実 ③誤解 ④月刊誌 ⑤誠意 ⑥雑誌 ⑦認 ⑧認 ⑨誠心 ⑩誤

27ページ ドリル

❶ ①たんじょう ②しょこく ③けつろん ④けいさつ ⑤しょとう ⑥たんじょう ⑦けいほう ⑧ろんせつ ⑨ろんり ⑩しょもんだい

❷ ①諸国 ②誕生 ③討論 ④警備 ⑤諸島 ⑥論理 ⑦警察 ⑧誕生 ⑨論説 ⑩警報

28ページ まとめドリル

❶ ①訳 ②詞 ③誌 ④討 ⑤諸 ⑥認 ⑦誠 ⑧警 ⑨誤 ⑩誕

❷ ①雑誌 ②通訳 ③訪問 ④誠意 ⑤討論 ⑥誕生 ⑦諸島 ⑧動詞

❸ ①誤る ②訪ねる

4 「水・氵」のつく漢字

31ページ ドリル

❶ ①いずみ ②そ ③りっぱ ④あら ⑤えんせん ⑥おんせん ⑦せん ⑧りゅうは ⑨は ⑩えんがん

❷ ①泉 ②洗面所 ③流派 ④洗 ⑤沿岸 ⑥派 ⑦温泉 ⑧立派 ⑨沿 ⑩洗

34ページ ドリル

❶ ①でんげん ②しお ③かんげき ④けいざい ⑤きゅうさい ⑥みなもと ⑦ふうちょう ⑧はげ ⑨しげん ⑩す

❷ ①水源 ②感激 ③満潮 ④経済 ⑤急激 ⑥資源 ⑦潮風 ⑧済 ⑨源 ⑩激

5 「人・亻・𠆢」のつく漢字

37ページ ドリル

❶ ①ねだん ②はいじん ③ね ④こども ⑤きょうきゅう ⑥かち ⑦じんぎ ⑧はいく ⑨はいゆう ⑩ていきょう

❷ ①値段 ②価値 ③仁術 ④供給 ⑤値 ⑥俳優 ⑦俳句 ⑧子供 ⑨仁義 ⑩供

39ページ ドリル

❶ ①どひょう ②きず ③ふしょう ④ゆうしょう ⑤ゆう ⑥いっぴょう ⑦かんしょう ⑧きずぐち ⑨ゆうせん ⑩たわら

❷ ①優勝 ②一俵 ③優 ④俵 ⑤感傷 ⑥優先 ⑦土俵 ⑧負傷 ⑨傷 ⑩優勝

6 「禾」のつく漢字

42ページ ドリル

❶ ①わたくし(わたし) ②ひみつ ③こくもつ ④しふく ⑤しんぴ ⑥こくそう ⑦こく ⑧ひきょう ⑨ひぞう ⑩しゆう

❷ ①秘密 ②私服 ③穀類 ④秘蔵 ⑤私 ⑥穀倉 ⑦穀 ⑧神秘 ⑨私 ⑩穀物

43ページ まとめドリル

❶ ①私 ②泉 ③値 ④源 ⑤俵 ⑥派 ⑦供 ⑧傷 ⑨潮 ⑩秘

❷ ①温泉 ②俳優 ③仁術 ④穀物 ⑤土俵 ⑥経済

❸ ①沿う ②済ませる ③洗う ④激しい

7 「木・木」のつく漢字

46ページ ドリル

❶ ①まい ②そ ③もよう ④つくえ ⑤そ ⑥きぼ ⑦づくえ ⑧まいすう ⑨も ⑩そ

❷ ①机 ②規模 ③模型 ④枚 ⑤枚数 ⑥机 ⑦染 ⑧染 ⑨模様 ⑩染

49ページ ドリル

❶ ①かぶ ②ぼう ③けんりょく ④じゅもく ⑤てつぼう ⑥かぶ ⑦しんようじゅ ⑧せんきょけん ⑨かぶしき ⑩ぼう

❷ ①権利 ②樹木 ③株 ④棒

⑤人権 ⑥選挙権 ⑦鉄棒
⑧記念樹 ⑨株式 ⑩樹立

8 「肉・月」のつく漢字

52ページ ドリル

❶ ①はいけい ②はい ③のう
④せいくら ⑤はい ⑥せなか
⑦ずのう ⑧しゅのう
⑨はいご ⑩ないぞう

❷ ①背中 ②肺 ③肺 ④脳
⑤臓 ⑥背景 ⑦頭脳
⑧背後 ⑨心臓 ⑩肺活量

55ページ ドリル

❶ ①むね ②はら ③い ④まんぷく
⑤ちょう ⑥どきょう ⑦ちゅうふく
⑧い ⑨いちょう ⑩だいちょう

❷ ①度胸 ②胸 ③腹 ④胃
⑤胸囲 ⑥中腹 ⑦大腸
⑧満腹 ⑨腹 ⑩胃腸

9 「日」のつく漢字

58ページ ドリル

❶ ①あたた ②うつ ③まいばん
④く ⑤えいが ⑥ばん ⑦く
⑧おんだん ⑨あたた
⑩えいぞう

❷ ①毎晩 ②映像 ③温暖 ④晩
⑤昨晩 ⑥暮 ⑦映画 ⑧暖
⑨暮 ⑩映

59ページ まとめドリル

❶ ①机 ②背 ③肺 ④晩 ⑤胃
⑥枚 ⑦腹 ⑧株 ⑨腸 ⑩胸

❷ ①権利 ②鉄棒 ③樹木 ④模型
⑤頭脳 ⑥内臓

❸ ①染める ②暖める ③映る
④暮らす

10 「宀」のつく漢字

62ページ ドリル

❶ ①じゅうたく ②うちゅう
③ちゅう ④しゅうきょう
⑤じたく ⑥うちゅう ⑦しゅうは
⑧きたく ⑨たくち ⑩ちゅうがえ

❷ ①宇宙 ②帰宅 ③宙 ④宗教
⑤宇宙 ⑥宅地 ⑦宗派
⑧自宅 ⑨住宅 ⑩宙返

65ページ ドリル

❶ ①せんでん ②ほうせき
③たから ④ひみつ ⑤みつど
⑥せんげん ⑦せんこく
⑧こくほう ⑨せいみつ ⑩せん

❷ ①秘密 ②宝物 ③宣言
④精密 ⑤宝石 ⑥宣伝
⑦密度 ⑧国宝 ⑨宣 ⑩親密

11 「口」のつく漢字

69ページ ドリル

❶ ①よ ②す ③ひてい ④よ
⑤こうごう ⑥てんこ
⑦ぜんい ⑧しんこきゅう
⑨きゅうしゅう ⑩あんぴ

❷ ①呼吸 ②善悪 ③改善
④皇后 ⑤合否 ⑥善 ⑦吸収
⑧呼 ⑨否定 ⑩吸

12 「艹」のつく漢字

72ページ ドリル

❶ ①じょうき ②ちょしゃ
③ちょぞう ④わかもの
⑤ちょめい ⑥じょうはつ
⑦わかて ⑧れいぞうこ
⑨すいじょうき ⑩ちょしょ

❷ ①若葉 ②蒸発 ③冷蔵庫
④著名 ⑤蒸気 ⑥貯蔵 ⑦著者
⑧水蒸気 ⑨土蔵 ⑩若

73ページ まとめドリル

❶ ①宝 ②否 ③著 ④宣 ⑤蔵
⑥宙 ⑦若 ⑧蒸 ⑨密 ⑩后

❷ ①住宅 ②呼吸 ③宇宙
④善悪 ⑤宗教 ⑥秘密

❸ ①善い ②呼ぶ ③若い ④吸う

13 「寸」のつく漢字

77ページ ドリル

❶ ①いっすん ②しゅしょう
③せんよう ④い ⑤そんちょう
⑥すんぶん(すんぷん) ⑦ぶしょう
⑧とうと(たっと) ⑨はんしゃ
⑩せんねん

❷ ①専門 ②尊敬 ③寸前
④将来 ⑤専業 ⑥寸法
⑦注射 ⑧尊 ⑨将軍 ⑩射

14 「竹・⺮」のつく漢字 15 「子・孑」のつく漢字

81ページ ドリル

❶ ①きんにく ②おやこうこう
③せいさく ④かんけつ
⑤おやふこう ⑥そんざい
⑦かんりゃく ⑧すじ
⑨ほぞん ⑩さくりゃく

❷ ①簡単 ②鉄筋 ③孝行 ④対策
⑤保存 ⑥簡素 ⑦筋道
⑧存在 ⑨策 ⑩親不孝

16 「心・忄」のつく漢字 17 「土・土」のつく漢字

86ページ ドリル

❶ ①わす ②た ③おんがえ ④くいき
⑤けんぽう ⑥ちゅうじつ
⑦りょういき ⑧おんし
⑨すい ⑩けんしょう

❷ ①恩 ②地域 ③憲法 ④忠告
⑤流域 ⑥憲章 ⑦垂直
⑧忘 ⑨恩人 ⑩垂

87ページ まとめドリル

❶ ①恩 ②寸 ③筋 ④垂 ⑤専
⑥忠 ⑦射 ⑧域 ⑨憲 ⑩策

❷ ①存在 ②孝行 ③専門
④将来 ⑤尊重 ⑥簡単

❸ ①垂らす ②忘れる ③射る
④尊ぶ

18 「尸」のつく漢字 19 「穴・⺳」のつく漢字

91ページ ドリル

❶ ①とど ②まど ③しゅくしゃく
④ちそう ⑤てんじ ⑥あな
⑦こうそう ⑧しゃくど
⑨どうそうかい ⑩てんらんかい

❷ ①窓 ②地層 ③穴 ④発展
⑤同窓会 ⑥縮尺 ⑦層
⑧展望台 ⑨尺 ⑩届

20 「刀・刂」のつく漢字 21 「彳」のつく漢字

96ページ ドリル

❶ ①きざ ②そうぞう ③したが
④ひげき ⑤そうさく
⑥わりあい ⑦けん ⑧しんこく
⑨げきてき ⑩じゅうぎょういん

❷ ①時刻 ②創作 ③券
④規律 ⑤創 ⑥従 ⑦法律
⑧割 ⑨劇 ⑩刻

22 「阝」のつく漢字

99ページ ドリル

❶ ①お ②じょそう ③へいか
④しょうがい ⑤こしょう
⑥いこう ⑦じょがい
⑧しょうじ ⑨ふ ⑩のぞ

❷ ①故障 ②降水量 ③除外

④陛下 ⑤障害 ⑥降 ⑦除草
⑧除 ⑨障子 ⑩降

100ページ まとめドリル

1
①穴 ②層 ③届 ④尺 ⑤創
⑥割 ⑦劇 ⑧窓 ⑨陛 ⑩巻

2
①法律 ②降水 ③発展
④障害 ⑤除草 ⑥故障

3
①従う ②届ける ③降りる
④刻む

23 24 「衣・衤」のつく漢字 「石」のつく漢字

104ページ ドリル

1
①すな ②じしゃく ③そうち
④さとう ⑤おぎな ⑥さい
⑦うらがえ ⑧ほうそうし
⑨さば ⑩りっこうほ

2
①砂 ②裏側 ③補足 ④服装
⑤裏 ⑥裁判 ⑦砂糖 ⑧補
⑨磁石 ⑩裁

25 27 「广」のつく漢字 26 「己」のつく漢字 「皿」のつく漢字

108ページ ドリル

1
①せいざ ②かんまつ ③じこ
④れんめい ⑤ま ⑥ざせき
⑦かめい ⑧けんちょう ⑨も
⑩りこてき

2
①加盟 ②連盟 ③座席
④利己的 ⑤巻末 ⑥自己
⑦気象庁 ⑧巻 ⑨星座
⑩盛

28 29 「貝」のつく漢字 「阝」のつく漢字

111ページ ドリル

1
①うんちん ②ゆうびん
③きちょう ④こきょう
⑤ゆうそう ⑥でんしゃちん
⑦きょうり ⑧きぞく ⑨うんちん
⑩ゆうびん

2
①貴重 ②故郷 ③電車賃
④郵便 ⑤郷里 ⑥貴族 ⑦郵送
⑧運賃 ⑨貴重 ⑩故郷

112ページ まとめドリル

1
①砂 ②庁 ③己 ④補 ⑤裏
⑥貴 ⑦賃 ⑧巻 ⑨砂 ⑩盟

2
①磁石 ②故郷 ③裁判
④服装 ⑤座席 ⑥郵便

3
①補う ②巻く ③盛る ④裁く

30 31 「金・釒」のつく漢字 32 「見」のつく漢字 「門」のつく漢字

117ページ ドリル

1
①はり ②しせん ③と ④せん
⑤こうてつ ⑥びょうしん
⑦てんらんかい ⑧へいかい
⑨ないかく ⑩てっこう

2
①視力 ②秒針 ③鋼鉄
④一覧表 ⑤内閣 ⑥視線
⑦閉会 ⑧展覧会 ⑨金銭 ⑩閉

33 34 「乙」のつく漢字 「火・火・灬」のつく漢字

120ページ ドリル

1
①ぎゅうにゅう ②じゅく
③みだ ④はいいろ ⑤じゅくご
⑥ちち ⑦ばい ⑧らんぼう
⑨ぎゅうにゅう ⑩じゅく

2
①熟 ②乱 ③灰色 ④牛乳
⑤乱暴 ⑥熟語 ⑦灰 ⑧乳
⑨熟 ⑩乱

35 36 「卩」のつく漢字 「大」のつく漢字

123ページ ドリル

1
①たまご ②えんそう ③きけん
④ふる ⑤どくそう ⑥たまご
⑦こうふん ⑧あぶ ⑨きけん
⑩ふる

2
①危険 ②奮 ③独奏 ④卵
⑤興奮 ⑥危険 ⑦卵 ⑧奮
⑨演奏 ⑩危

37 39 「頁」のつく漢字 38 「攵」のつく漢字 「辶」のつく漢字

127ページ ドリル

1
①ちょうじょう ②あず
③しりぞ ④そんけい
⑤いでん ⑥いただ ⑦うやま
⑧いさん ⑨いただ ⑩てき

2
①遺伝 ②退院 ③尊敬
④預金 ⑤頂上 ⑥敬 ⑦遺産
⑧頂 ⑨無敵 ⑩預

128ページ まとめドリル

1
①奏 ②銭 ③敵 ④針 ⑤頂
⑥灰 ⑦視 ⑧閣 ⑨奮 ⑩遺

2
①牛乳 ②展覧 ③半熟卵
④危険 ⑤鉄鋼 ⑥退院

3
①敬う ②乱れる ③閉める
④預ける

40 二つ(右と左)に分かれる漢字

132ページ ドリル

1
①はん ②きゅうしゅう
③だんらく ④よう ⑤おさ
⑥ろうどく ⑦おさな
⑧しょだん ⑨めいろう
⑩ちょうさはん

2
①幼虫 ②班 ③階段 ④収入
⑤手段 ⑥明朗 ⑦班長
⑧収 ⑨朗読 ⑩幼

135ページ ドリル

1
①こんなん ②つと
③よく ④しつぎ ⑤きんむ
⑥むずか ⑦うたが
⑧よくぼう ⑨なんもん ⑩つと

2
①食欲 ②転勤 ③疑問
④意欲 ⑤難問 ⑥疑 ⑦勤務
⑧難 ⑨欲望 ⑩勤

137ページ ドリル

1
①さとう ②りんじょう
③せいとう ④しゅうしょく
⑤しゅうにん ⑥とうぶん
⑦りんじ ⑧しゅうしょく
⑨しゅうがく ⑩りんかい

2
①糖 ②就職 ③臨時
④糖分 ⑤就任 ⑥臨場
⑦砂糖 ⑧就学 ⑨臨海 ⑩製糖

138ページ まとめドリル

1
①幼 ②段 ③朗 ④班 ⑤勤
⑥疑 ⑦欲 ⑧就 ⑨糖 ⑩難

2
①砂糖 ②幼虫 ③班長
④臨海 ⑤吸収 ⑥段落

3
①収める ②勤める
③難しい ④疑う

41 二つ(上と下)に分かれる漢字

141ページ ドリル

1
①すがた ②せいとう ③かいこ
④てんのう ⑤とうは ⑥しせい
⑦ようさん ⑧とうとう
⑨ようし ⑩こうきょ

2
①姿勢 ②政党 ③蚕 ④皇居
⑤姿 ⑥党派 ⑦養蚕 ⑧天皇
⑨徒党 ⑩容姿

144ページ ドリル

1
①せいか ②こと ③まく
④しょうぼうしょ ⑤いじょう
⑥しんせい ⑦よくじつ(よくひ)
⑧ばくまつ ⑨しょめい
⑩よくねん(よくとし)

2
①幕 ②聖火 ③署名
④異状(異常) ⑤翌日 ⑥幕府
⑦神聖 ⑧警察署 ⑨翌週 ⑩異

42 二つ(その他)に分かれる漢字

147ページ　ドリル

❶
①こま　②こん　③えんちょう
④しょぶん　⑤の
⑥こんなん　⑦しょち
⑧じゅんえん　⑨の　⑩たいしょ

❷
①困　②処置　③対処
④困難　⑤延長　⑥困
⑦順延　⑧困　⑨処分　⑩延

149ページ　ドリル

❶
①いた　②かんばん　③きび
④くつう　⑤かんごし
⑥げんしゅ　⑦いた　⑧かんびょう
⑨げんじゅう　⑩つうかん

❷
①厳　②痛感　③看板　④厳重
⑤苦痛　⑥看護師　⑦厳守　⑧痛
⑨看病　⑩厳

150ページ　まとめドリル

❶
①異　②蚕　③翌　④延　⑤姿
⑥幕　⑦皇　⑧異　⑨署　⑩党

❷
①幕府　②看病　③姿勢
④聖火　⑤厳重　⑥処理

❸
①厳しい　②困る　③延びる
④痛い

43 二つに分けられない漢字

153ページ　ドリル

❶
①ほ　②ぼう　③かたがわ
④さつ　⑤ぼう　⑥かんがい
⑦べっさつ　⑧かたみち
⑨かんちょう　⑩しぼう

❷
①片方　②干潮　③死亡
④別冊　⑤干害　⑥亡　⑦冊
⑧片側　⑨亡　⑩干

157ページ　ドリル

❶
①やまな　②かんしゅう　③ほね
④した　⑤たいしゅう
⑥なら　⑦いた　⑧こっせつ
⑨かいかく　⑩われ

❷
①骨　②舌　③至急
④衆議院　⑤革命　⑥骨格
⑦並木　⑧至　⑨我　⑩並

158ページ　まとめドリル

❶
①我　②冊　③片　④舌　⑤骨
⑥干　⑦革　⑧亡　⑨干　⑩至

❷
①骨折　②並木　③公衆
④改革　⑤片道　⑥骨格

❸
①至る　②並み　③並べる
④干す

44 同じ部分をもつ漢字

160ページ　ドリル①

❶
①秒・砂　②値・置　③防・訪
④詞・飼　⑤揮・運

❷
①訳・尺　②己・紀　③余・除
④創・倉　⑤章・障

161ページ　ドリル②

❶
①庁・頂　②忘・望　③拡・鉱
④悲・俳　⑤臨・覧

❷
①比・批　②志・誌　③必・秘
④垂・郵　⑤延・誕

162ページ　ドリル③

❶
①盛・誠
② 客・略 格・閣
③ 暑・諸 著・署

❷
①舎・捨　②謝・射　③縦・従
④警・敬　⑤蔵・臓

45 形が似ている漢字

164ページ　ドリル①

❶
①校・枚　②苦・若　③拾・捨
④派・脈　⑤翌・習

❷
①宅・宇　②喜・善
③ 考・老 孝
④ 貸・貨 賃

165ページ　ドリル②

❶
①吸・級　②深・探　③殺・穀
④泉・皇　⑤輪・論

❷
①垂・乗　②専・尊
③ 常・堂 党
④ 復・複 腹

166ページ　ドリル③

❶
①浴・沿　②因・困
③ 仁 仕 任
④ 陛 陸 階

❷
①券・巻　②難・勤
③ 熱・勢 熟
④ 墓・暮 幕

46 同じ読み方の漢字

168ページ　ドリル①

❶
①筋・勤　②裁・済　③郵・優
④ 看・干 巻・簡

❷
①異・遺　②権・憲
③ 拡・革 閣
④ 危・揮 貴

169ページ　ドリル②

❶
① 私・視 至・姿
② 層・装 窓・奏 操・創

❷
① 供・胸 郷
② 将・傷 障
③ 宣・専 泉・洗

170ページ　ドリル③

❶
① 収・衆 就・宗
② 紅・鋼 孝・降 効・皇

❷
① 担・誕 探
② 否・批 秘
③ 拝・背 肺・俳

171ページ　ドリル④

❶
①住・済　②根・値　③塩・潮
④供・備　⑤暖・温

❷
① 移・写 映
② 務・勤 努
③ 治・修 収・納

172ページ　ドリル⑤

❶
①起立・規律　②指揮・士気
③聖火・成果　④製糖・政党
⑤用紙・容姿

❷
①以降・意向　②完結・簡潔
③講習・公衆　④自己・事故
⑤想像・創造